böhlauWien

Charles Sealsfield – Karl Postl
Österreich, wie es ist

oder:

Skizzen von Fürstenhöfen des Kontinents
Von einem Augenzeugen
London 1828

Leseausgabe

Herausgegeben, bearbeitet, übersetzt
und mit einem Nachwort versehen von

Primus-Heinz Kucher

BÖHLAU VERLAG WIEN · KÖLN · WEIMAR

Umschlagabbildung:
Europa nach dem Wiener Kongress 1815.
Aus: Putzger, Historischer Weltatlas, 102. Auflage,
© Cornelsen Verlag, Berlin 1997, S. 90/91.

Die Deutsche Bibliothek – CIP-Einheitsaufnahme
Sealsfield, Charles:
Österreich wie es ist oder Skizzen von Fürstenhöfen des Kontinents :
von einem Augenzeugen London 1828 ; Leseausgabe /
Charles Sealsfield – Karl Postl. Hrsg., bearb., übers. und mit einem
Nachw. vers. von Primus-Heinz Kucher. –
Wien ; Köln ; Weimar : Böhlau, 1997

ISBN 3-205-98850-7

Gedruckt auf umweltfreundlichem, chlor- und säurefreiem Papier.

Satz: Hutz, A-1210 Wien

Druck: Menzel, A-1120 Wien

Inhalt

Zur Textgestaltung

Die vorliegende deutschsprachige Ausgabe der *Austria*-Schrift ist das Ergebnis einer gründlichen Bearbeitung der Übersetzung Viktor Klarwills (1919), die – wie der Herausgeber bereits in seiner Textedition (1994)* angemerkt hat – sich an zahlreichen Stellen als korrekturbedürftig erwies. Dies vor allem deshalb, weil Klarwills Übersetzung, die immerhin in den Reprint der *Sämtlichen Werke* kommentarlos aufgenommen wurde, einerseits zahlreiche Auslassungen aufweist, andrerseits die meist schärfere oder prägnantere Formulierung im Sealsfieldschen Original entweder abschwächt oder durch stilistisch-syntaktische Umstellungen in ein unverfänglicheres Licht rückt. Schlüsselbegriffe wie *liberal, nation* oder *despotism*, um nur drei Beispiele zu nennen, die im zeitgenössischen politisch-intellektuellen Diskurs von ziemlicher Bedeutung waren, treten bei Klarwill deutlich in den Hintergrund, ja sind mitunter in der Übersetzung kaum mehr zu erkennen.

Auch die dialogische Textur, die wiederholte und vom Autor wohl bewußt verwendete Leseranrede, erscheint bei Klarwill merklich eingeglättet. Dasselbe gilt für die Berufung auf den englischen Hintergrund (*we in England*-Formulierungen), für zahlreiche fremdsprachige, insbesondere französische Wendungen, für die eigenwillige Hervorhebung durch absolute Vergleiche, womit neben der Frage der Präzision auch Aspekte der Literarizität angesprochen werden, die bei Klarwill unter die Räder gekommen sind.

Handelt es sich bei vorliegender Ausgabe zwar nicht um eine Neuübersetzung im klassischen Sinn, so konzentrierte sich das Bemühen des Herausgebers doch auf eine am Originaltext orien-

---

* Charles Sealsfield – Karl Postl: Austria as it is: or Sketches of continental courts, by an eye-witness. London 1828. Österreich, wie es ist: oder Skizzen von Fürstenhöfen des Kontinents. Wien 1919. Eine kommentierte Textedition, hg. und mit einem Nachwort versehen von P.-H. Kucher. Wien – Köln – Weimar 1994; Böhlau.

tierte, d. h. textgetreue Bearbeitung und Wiedergabe. Einzelne Abschnitte wurden fast zur Gänze neu übersetzt, andere konnten in ihrer Grundstruktur übernommen werden; kaum ein längerer Absatz ist jedoch unverändert geblieben.

Seinen Dank möchte der Herausgeber all jenen aussprechen, die ihn ermuntert haben, dieses Vorhaben zu riskieren und die ihm auf die eine oder andere Weise dabei behilflich waren. Besonderer Dank gilt der Sealsfield-Gesellschaft, die das Zustandekommen dieser Ausgabe durch die Aufnahme in ihre Jahrbuchreihe und durch einen Zuschuß mitermöglicht hat.

Klagenfurt, Oktober 1997

Vorwort des Verfassers (Charles Sealsfield – Karl Postl)

Der Verfasser des vorliegenden Werkes, ein geborener Österreicher, hat nach fünfjähriger Abwesenheit seine Heimat wiedergesehen. Die dort vorgefundenen Zustände will er in den nachfolgenden Seiten schildern. Indem er sein Werk dem englischen Publikum vorlegt, sei dem Autor die Bemerkung gestattet, daß niemand mehr als er größere Achtung vor den gebührenden Rechten der Fürsten hegt, so lange sie diese innerhalb gerechter Schranken ausüben. Wenn eine begrenzte Alleinherrschaft die Macht der Gesetzgebung, der Rechtspflege und der Verwaltung entsprechend auseinanderzuhalten und zu handhaben versteht, so ist sie befähigt, das Glück der von ihr Regierten zu sichern. Dagegen muß zugestanden werden, daß der Despotismus in Österreich und den anderen Ländern, auf welchen der Einfluß der Heiligen Allianz lastet, geradezu empörend ist.

Um so empörender ist dieser, als angesichts der geistigen Fortentwicklung dieser Staaten ihnen zweifellos das Recht zustände, eine liberale und vernünftige Regierungsform zu fordern. Ein so vollendeter und raffinierter Absolutismus, wie der österreichische, hat wahrscheinlich noch niemals in einem zivilisierten Land bestanden.

Wir bezweifeln, daß dieses System die erhofften Früchte zeitigen wird. „Die Kreuzzüge", so Schiller, „wurden zuerst unternommen, um die Macht der Fürsten zu schwächen und den Einfluß des Papstes auf den Orient auszudehnen.* Sie erzielten aber das gerade

---

* Sealsfield bezieht sich hier auf Schillers kritische Auseinandersetzung mit den Kreuzzügen in dessen Schrift: Universalhistorische Übersicht der vornehmsten an den Kreuzzügen teilnehmenden Nationen, ihrer Staatsverfassungen, Religionsbegriffe, Sitten, Beschäftigungen, Meinungen und Gebräuche (1789). Heute in: Friedrich Schiller: Historische Schriften. 3. Teil. München, 3. Aufl., 1966, dtv -Gesamtausgabe Bd. 15, S. 95–113.

Gegenteil, sie zerstörten die weltliche Herrschaft des Heiligen Stuhles." Die Kreuzzüge gegen die Freiheit der Völker und den Fortschritt werden zweifellos den gleichen Erfolg haben; sie werden zerstören, was sie festigen sollen: die Grundlagen des Despotismus.

Österreich, wie es ist

Erstes Kapitel

Reise nach Le Havre, durch Frankreich und Deutschland. – Paris, Karlsruhe, Stuttgart. – Der frühere und der jetzige König von Württemberg. – Darmstadt, Nassau. – Der Kurfürst von Hessen. – Kassel, Frankfurt und seine Bewohner. – Leipzig. – Der Fürst Poniatowski. – Dresden. – Die deutschen Staaten.

Le Havre lädt nicht zu längerem Aufenthalt ein und bietet auch keinen Stoff für eingehende Schilderung; sein kleiner Hafen besitzt nur eine schmale, bei Sturm sogar ziemlich gefährliche Einfahrt. Das Zollamt und weitläufige Polizeivorschriften zeigen jedoch, daß sein Handel blüht, und es vergeht kaum ein Tag, an dem nicht mit der Flut ein schlankes amerikanisches Handelsschiff oder eine plump gebaute französische Brigg in den Hafen einliefe.

Diese dem ersten Anblick nach altertümlich scheinende Stadt war vor dreißig Jahren ein armseliges Fischerdorf, bis das weitblickende Auge Napoleons in ihm die Vorteile eines Hafenplatzes erkannte. Ein Zollamt, Polizeibureaus, Baumwollballen und Zukkerfässer interessieren freilich nur einen Kaufmann; deshalb bestiegen wir am dritten Tag nach unserer Ankunft ein Dampfboot, welches uns nach Rouen brachte.

Das kriegerische Aussehen der Franzosen hat sich seit vierzehn Jahren, als ich zuletzt ihr Land und ihre Hauptstadt gesehen hatte, in eine fromme Haltung gewandelt. Auf unserer Reise fanden wir in allen Herbergen auf Tischen und Kommoden Gebetbücher und Katechismen. In Rouen sahen wir eine große Prozession in die Kathedrale einziehen, darunter sogar einige Dutzend Offiziere, die zu unserem größten Erstaunen die Pflichten dieser Zeremonie ebenso eifrig erfüllten, wie sie vierzehn Jahre zuvor zu einer Parade ausgerückt wären. *Sic tempora mutantur,* dachte ich, während mein amerikanischer Gefährte, dem ich im Reisewagen einen Platz eingeräumt hatte, gegen die glaubenseifrigen normannischen Fürsten loszog, die an Stelle von Kanal- und Straßenbauten so große und unbequeme Gebäude wie den Dom von Rouen errichtet hätten, die nur dazu taugten, den Gläubigen zu Erkältungen zu verhelfen. Er würde jedenfalls das hölzerne Bethaus in der Grafschaft Buck in Pennsylvanien, Versammlungsort seiner Glaubensgemeinschaft, gegen all die Kirchen nicht eintauschen wollen.

In Paris sahen wir einen alternden Monarchen[1], der, zwar beliebter als sein Vorgänger, von Priestern und Abkommen jenes alten Adels umgeben ist, deren Gedankengänge und Ansichten von einem goldenen Zeitalter fünfundzwanzig Jahre Revolution und eine ebenso lange Verbannung nicht zu ändern vermocht haben. Diese Leute erinnern an das Schlagwerk einer alten Uhr, das immer die gleiche Stunde verkündet. Der Louvre, die Tuilerien und das Palais Royal wurden in Begleitung eines Führers besucht, der mit ehrlichem französischen Stolz mir das liebe Faktotum von Ravenswood in Erinnerung rief. Er erläuterte die zahlreichen fehlenden Kunstwerke und benützte diese Gelegenheit, um gegen die Entführer dieser Schätze, Barbaren, wie er sie hieß, zu wettern. „Voilà, hier", sagte er, „haben die barbarischen Preußen Pferdestatuen weggenommen! Und hier zerstörten die dummen Österreicher prachtvolle Trophäen!" Man kann die Franzosen zu ihrem gutartigen Charakter oder zum Anstand, wie sie es nennen, beglückwünschen, womit sie die Wechselfälle des Schicksals ertragen. Sie gewöhnen sich an die neuen Verhältnisse so genau, leichten Herzens und mit frivolem Geist, die sie unter Robespierre zu Henkern, unter Napoleon zu plündernden Helden und jetzt unter Karl X. zu frommen Seminaristen gemacht haben. Doch um aufrichtig zu bleiben: sie tun recht daran, ihr Los mit Fassung hinzunehmen, denn sie haben dabei gewonnen, während England und Deutschland zu Schaden gekommen sind. Trotz der ihnen auferlegten Kriegsentschädigungen sind sie noch immer reich an dem, was sie anderen Völkern geraubt haben, und ihr Handel blüht. Sie haben das Joch der Leibeigenschaft abgeschüttelt, und, was die Hauptsache ist, die Erinnerung an die vergangenen Geschehnisse dient ihren Fürsten als Lehre, welche dem Volk die Rechte auf Zeit weit besser sichert als ein Dutzend Verfassungen. Vereint in einer Nation sind die Franzosen jetzt eine furchterregende Größe geworden, ein Vorteil, der ihren deutschen Nachbarn sehr ermangelt.

Zwischen Paris und Straßburg ist kaum etwas Bemerkenswertes zu schildern. Paris ist eigentlich die einzige Stadt Frankreichs, welche die Aufmerksamkeit fesselt und wohl auch verdient; das umgebende Königreich scheint nur für die Hauptstadt zu leben. Die französischen Städte sehen viel schlechter aus als die gleichen Orte in den anderen europäischen Staaten; die Dörfer sind noch unscheinbarer, nur hie und da erblickt man ein altes Schloß, aber sonst ist das Land das denkbar eintönigste.

Im deutschen Charakter liegt eine Vertraulichkeit, die mitunter mißfällt, aber im Grunde ein offenes Herz anzeigt, selbst wenn dazu kein Grund besteht. Dies stellt, vereint mit wahrhafter Ergebenheit für den Landesfürsten, einen der wichtigsten Charakterzüge der Deutschen dar. Wie könnten sie sonst die furchtbaren Lasten, die ihnen aufgebürdet sind und die sie so schmerzlich drücken, auch ertragen?

In der Mitte der Brücke, welche von Straßburg in das Großherzogtum Baden führt, betraten wir Deutschland. Das Land ist schön und wird von einem angenehmen Menschenschlag bewohnt. Seine Hauptstadt ist regelmäßig gebaut und besitzt ein prachtvolles Schloß mit einem schönen Park. Baden rühmt sich einer Verfassung oder einer Ständeversammlung, welche ihm von Metternichs Gnaden gewährt wurde. Die Stände dürfen die jährlichen Ausgaben des Landes bewilligen, darunter eine Zivilliste von 150.000 Pfund Sterling und die Ausgaben für 10.000 Soldaten. Für diese Wohltaten zahlen die guten Badener Bürger entsprechende Steuern, und um diese aufzubringen, müssen sie von Erdäpfeln und Gerstenbrot leben, welches die gleiche Farbe hat wie die alten Filzhüte auf ihren Köpfen. Außerdem haben sie Abgaben und Zölle zu entrichten, die jeden weiteren nennenswerten Handel unterbinden, obwohl der Rhein ihr Land durchströmt.

Noch am selben Tag trafen wir auf dem Territorium eines anderen Landes ein, dem des Königs von Württemberg. Das

Stuttgarter Schloß ist sicherlich die schönste königliche Residenz Deutschlands; es übertrifft die Tuilerien durch architektonisches Gleichmaß und Schönheit. Auf diesen Bau hat man aber eine Königskrone gestülpt, fast so groß wie die Kuppel der Kathedrale von St. Paul, und diese Krone wirkt wie eine Satire auf die Königswürde, die man in diesem unbedeutenden Zwergkönigreich entschieden übertrieben hat.

Wenn reiche Untertanen einem Könige gefährlich sind, so kann dieser Herrscher ganz ruhig schlafen; denn seine Untertanen, die wir als Schwaben kennen, sind sicher die ärmsten Kreaturen der Welt, und mit Ausnahme eines großen Buchhändlers[2] zählt das ganze Königreich nicht einen einzigen reichen Mann. Der jetzige König hat zu den Wohltaten seiner Vorfahren das Geschenk eines Landtages hinzugefügt, einer sogenannten Volksvertretung, die von der Gestalt des Fürsten Metternich so abgeändert wurde, daß ihm nicht wenige dankbar sein müssen. Deren Segnungen bestehen nur darin, die Lasten des Volkes zu vergrößern, ohne auch nur irgendeinen Vorteil zuzugestehen. Die beiden Kammern des württembergischen Landtages verfügen nicht über eine Spur von gesetzgebender Macht. Ihre Arbeit erschöpft sich im Erfinden der besten Mittel zur Leerung der ohnedies schlecht gefüllten Taschen der unglücklichen Landesbewohner von Württemberg. Sie müssen vor allem eine Zivilliste von 150.000 Pfund Sterling und die Kosten für ein Heer von 12.000 Mann aufbringen.

Mit kaltem Schaudern denkt man an den verstorbenen König, der den Beinamen „Der Dicke" führte. Er war ein großer Jagdfreund. Während der furchtbaren Hungersnot im Jahr 1817 hielt er eine große Wildschweinjagd ab. Unter den als Treibern aufgebotenen 4000 Bauern des Odenwaldes war auch ein armer, siecher, bettlägriger Mann. Seine einzige Stütze war eine Tochter, die von dem Ertrag ihres Spinnrades den kleinen Hausstand erhielt. Diese zog nun die Kleider ihres Vaters an und ging hin, um Treiberdienste zu leisten. Während der drei Jagdtage mußten die Bauern in Eis und Schnee nächtigen. Als der König von der Verkleidung des

Mädchens vernahm, lachte er unbändig und bedauerte, nicht früher davon gehört zu haben, da er sich sonst einen feinen Spaß erlaubt hätte. Als das arme Geschöpf heimkehrte, war der Vater verhungert. Auch dies erfuhr der König, tat aber nichts, um ihre Not zu lindern. Während jener königlichen Jagd ging ein Wildschwein einen der Treiber gerade in dem Augenblick an, als ein Kammerherr des Königs das wilde Tier mit der Saufeder erlegen wollte. Um sich zu schützen, erschlug der geängstigte Bauer den Eber mit seinem Stecken. Der solcherart um seine Jagdfreude betrogene Kämmerer wendete sich ihm zu und stach den Treiber nieder. Da er ein Liebling des Königs war, kam der vornehme Jäger mit nur 14 Tagen Hausarrest davon.

Der jetzt regierende König ist zwar eine bessere Sorte Mensch, aber trotzdem nicht beliebt. Seine Reisen durch Frankreich, Italien und die Schweiz auf Kosten seiner hungernden Untertanen und seine schwankende Politik haben den Haß, den man gegen seinen Vorgänger hegte, in Gleichgültigkeit gegen den Sohn verwandelt. Einen Besuch wert sind ein prachtvolles Gestüt arabischer Pferde sechs Meilen von Stuttgart und in Cannstadt das berühmte Atelier Danneckers. Aber auch dieses birgt an hervorragenden Werken nur eine Schillerbüste. Eine Tour durch dieses Königreich ist von ganz geringem Interesse. Die Städte sind jämmerlich, die Straßen starren von Mist und Kot, die Häuser, oder, besser gesagt, Hütten verfallen; noch elender sind die Dörfer, aus deren leeren, fensterlosen Höhlen der Bauernhäuser traurige Gesichter blicken. – Dies sind die Eindrücke, welche den Reisenden zwischen Stuttgart und Heidelberg begleiten. Erst dort wird die Gegend romantischer, und die Einwohner scheinen weniger arm zu sein. Diesen besseren Zustand bewirkt die größere Fruchtbarkeit der Gegend und das Geld, welches die jüdischen Studenten in Heidelberg[3] ausgeben. Die vereinten Maßnahmen des Frankfurter Bundestages und der Bundeskommission in Mainz[4] sind übrigens für die Juden noch viel drückender als einst der Despotismus Napoleons.

Ein halber Tagesritt brachte uns nach Darmstadt, der Hauptstadt des dritten deutschen Fürsten. Dort fanden wir ein pracht-volles Theater und wieder eine Volksvertretung, genau nach dem Muster der württembergischen. Hessen-Darmstadt verfügt über ein Heer von 10.000 Soldaten, für deren hessischen Geist es be-zeichnend ist, daß sie sich über die Eintracht zwischen England und den Vereinigten Staaten beklagen. Sie büßen dadurch die Hoffnung ein, gegen wenig Sold ihre Arme und Beine zerschossen zu sehen.[5] Nach einer weiteren halben Tagesreise erreichten wir Frankfurt, den Sitz des deutschen Bundestages. Von dort aus kann man mit einem guten Pferd die Länder dreier deutscher Fürsten abreiten: die des Kurfürsten von Hessen-Kassel, des Herzogs von Nassau und des Kurfürsten von Hessen-Homburg. Wenige verbürgte Anekdoten genügen, um diese Landesväter und das Glück ihrer Untertanen eindringlich zu schildern.

Der von wahrhaft liberalem Geist erfüllte Herzog von Nassau hielt es für angemessen, seinem Volk eine Verfassung zu gewähren. Aus Dankbarkeit für diese Gunst schenkten ihm die ergebenen Volksvertreter die staatlichen Domänen des Herzogtums. Der Her-zog nahm diese als Geschenk an, begab sich nach Wien und ver-spielte dort in drei Nächten seinen ganzen Besitz. Die armen Bürger des Staates, der nicht viel größer ist, als das Gebiet von London, sind jetzt aller Mittel beraubt und haben nicht nur die Volks-vertreter zu bezahlen, welche ihren Ruin bewirkten, sondern über-dies 6000 Soldaten und eine Zivilliste von 100.000 Pfund Sterling. Sein Nachbar, der Kurfürst von Hessen-Kassel ist der reichste und absoluteste aller kleinen deutschen Fürsten: sein Land zeugt für diese Behauptung. Diesen Reichtum verdankt er seinem Großvater und seinem Vater, zwei ungemein verdienten Männern, welche bes-ser als andere deutsche Regenten die unumschränkte Fülle ihrer Macht erkannten. Der erste verschacherte seine getreuen Unter-tanen nach Nordamerika, der andere ließ das Herrenrecht der deut-schen Adeligen wiederaufleben. Er hinterließ, so sagt man, nicht weniger als 74 natürliche Kinder.

Der jetzt regierende Kurfürst weiß, daß er seine Reichtümer den

Soldaten seines Vorfahren zu danken hat, und widmet dem Wohlergehen seiner kleinen Armee daher größte Aufmerksamkeit. Als Zeichen der Dankbarkeit zwang er sie, nach dem Ende der französischen Herrschaft und seiner eigenen Rückkehr wieder Zöpfe zu tragen wie zur Zeit Friedrichs des Großen. Der Ministerrat konnte aber kein Mittel ausfindig machen, um diese Zöpfe an den Soldatenköpfen zu befestigen, da Seine Hoheit, voll Ungeduld, nicht warten wollte, bis deren Haar lang genug gewachsen wäre. Und so beschloß man, diese Zöpfe an den Uniformkragen zu befestigen. Die bösen Göttinger Studenten amüsierten sich nun, diese neue Art des Zopftragens dadurch zu verhöhnen, daß sie Schweineschwänzchen an ihre Röcke nähten und, mit dieser Zier versehen, durch das Land streiften. Es geschah damals häufig, daß alte Soldaten, welche ihren Kurfürsten in die Verbannung begleitet hatten und deshalb noch ihre natürlichen Zöpfe besaßen, gezwungen wurden, außer dem eigenen noch den Kragenzopf zu tragen, um der neuen Verordnung zu entsprechen.

Es gibt nichts Widerwärtigeres als diese kleinen Fürsten, welche reichsunmittelbar erklärt wurden, obwohl sie kurz vorher noch Napoleon zu Füßen gelegen waren. Dieses Vorrecht ist um so gefährlicher, da es so benützt wird, wie man es von Leuten erwarten muß, deren Geist ebenso beschränkt ist wie ihr Gebiet. Sie führen unablässig eine Art Krieg mit ihren Untertanen und bedienen sich dazu aller möglichen Steuern, Durchfuhrzölle und Einfuhrverbote. Durch diese moderne Manier richten sie ihr Volk und ihr Land nicht plötzlich, aber stückweise zugrunde. Alle ihre Länder werden zu einem kleinen Japan, wo nichts anderes in Umlauf gebracht werden darf, als die Erzeugnisse des eigenen Bodens und des heimischen Gewerbes. Der König von Preußen hat als erster auf diese Weise den Freihandel zerstört – und nicht bloß den Freihandel, sondern dadurch auch die einzige Lebensgrundlage der Untertanen der Kleinstaaten, die fernab von den Meeresküsten liegen, keine höherwertige und ergiebige Produktion besitzen und außerdem für Zivillisten von fast drei Millionen Pfund Sterling und 100.000

Soldaten aufkommen müssen. Da jeder dieser Herzöge, Fürsten oder Landgrafen ängstlich auf Wahrung seiner Würde bedacht ist und hinter dem König von Preußen nicht zurückstehen will, so sind natürlich ähnliche Unterdrückungsmaßnahmen überall eingeführt. Während meines Aufenthaltes in Frankfurt unternahm ich einen Ausflug nach einem Orte, der eine deutsche Meile von der Stadt entfernt liegt. Da gab es dreierlei verschiedene Durchfuhrzölle zu entrichten und einen Zoll auf einen halben Scheffel Hafer, den mein Kutscher mitführte. Dieser Zoll war doppelt so hoch wie der Kaufpreis des Hafers. Aus diesen Gründen ist eine Flasche Rheinwein dreißig Meilen von dem Orte, wo er gekeltert wurde, ebenso teuer wie in England.

Welchen Einfluß ein solches System auf die guten und großzügigen Deutschen ausüben muß, braucht hier wohl nicht eigens geschildert werden: Armut, Schmuggel und alle anderen Laster sind die Übel, die daraus folgen. In Deutschland leiden nicht, wie in England und Frankreich, die Handwerker und Fabrikanten unter periodischen Krisen, sondern der Landwirt, der Gutsbesitzer sind die wirklich Ausgebeuteten des Landes, das weit über jede Vorstellung hinaus ausgesaugt und geschädigt wird. In Deutschland herrscht im allgemeinen völlige Armut; reich sind nur die drei Dutzend deutscher Fürsten. Tausende von Menschen, darunter fleißige Landwirte, verkaufen ihren kleinen Besitz, der sie in Frankreich ernährt hätte, und irren dann an den holländischen Küsten umher, ein fremdes Vaterland zu suchen. Aber auch diese traurige Hoffnung bleibt ihnen verwehrt, denn wenn es ihnen gelingt, einen Hafen zu erreichen, so haben sie meist ihr letztes Geld ausgegeben, können die Überfahrt nicht mehr bezahlen und haben nun die Wahl zwischen Hungertod und Bettel.

Es ist ein wahres Wunder, daß die deutschen Fürsten der Freiheit auf deutschem Boden wenigstens in Frankfurt, dem eigentlichen Mittelpunkt des Landes, eine Nische gönnen. Dort aber heben sich ihre Segnungen nur um so stärker von dem Elend der nächsten Umgebung ab.

Soweit wir den Charakter der Deutschen beurteilen können, ist ihre Geduld durch Idealismus zu erklären: Die Entdeckung eines neuen Minne- oder Heldenliedes, wie das Nibelungenlied, läßt sie Unfreiheit, Konstitution und Elend vergessen. Sie sind fähig, eine genaue Schilderung der Mängel der Regierungssysteme Chinas, Japans und Siams zu geben, und es fällt ihnen dabei nicht auf, daß das ihre das schlechteste von allen ist.

Frankfurt ist eine vornehme und alte Stadt, wo in allen Klassen der Gesellschaft ein gewisser Wohlstand zu finden ist. Aber auch in Frankfurt ist die Freiheit durch das übermütige Gehabe der österreichischen und preußischen Gesandten[6] beeinträchtigt. Frankfurt und Wien sind die zwei einzigen reichen Städte im Süden Deutschlands, und wenn sich auch in Frankfurt der Reichtum in den Händen von einem halben Dutzend Juden befindet, so kommt den übrigen Einwohnern dennoch auch ein Teil der Beute zugute, die über ausländische Staatsanleihen, den Schweiß auf der Stirn der österreichischen, preußischen und russischen Sklaven, in den Rachen des jüdischen Gewinns fließt. Die edle Gemütsart der Deutschen und ihre Tugenden sind leider wenig bekannt und geschätzt, und doch greift die Tiefe ihres Empfindens an jedes Herz.[7]

Die Deutschen sind dennoch ein Volk, das ausgedehnte Kenntnisse und aufgeklärte Bildung mit unauffälliger Einfachheit und anspruchslosen Sitten vereint. Was könnte aus dieser Nation werden, wenn man ihr auch nur einige Freiheiten gewährte?

Das gesellige Leben der Frankfurter Bürgerkreise hat einen eigentümlichen Reiz. Unter fünfzehn jungen Damen und gleich vielen Herren, die sich regelmäßig treffen, wird man kaum fünf finden, die nicht mit der englischen Literatur vertraut wären und Walter Scott[8], Moore[9] und Cowper[10] sind ihre Lieblingsschriftsteller. In ihren Lesekränzchen liest man Romane und Gedichte, oder es wird Musik gemacht und zierliche Handarbeit verfertigt. Nach dem Tee begibt man sich in den Cäcilienverein, wo zweimal wöchentlich fünfzig junge Männer und fünfzig Mädchen unter der Leitung eines geschickten Musikus die klassischen Werke von Händel, Haydn, Graun und anderen berühmten Meistern zu Gehör bringen. Die Gage des Kapellmeisters, die Saalmiete und die Gehälter der Musiker werden aus den Beiträgen der Mitglieder aufgebracht. Zur Aufführung gelangen ausschließlich religiöse Musikwerke. So hörte ich dort „Die Schöpfung" von Haydn und Händels „Messias", und ich zögere nicht zu behaupten, daß, obwohl die Londoner Aufführung und ihr Orchester glanzvoller waren, der allgemeine Eindruck, den diese einhundert jugendlichen und blühenden Musiker erweckt haben, weit tiefer ging als alles, was ich bisher gehört hatte.

Die Räume, in welchen seinerzeit die Kaiserkrönungen vorgenommen wurden, wären ein kostbares Denkmal, hätten sie nur von vergangener Pracht zu erzählen. Der Krönungssaal ist ein länglicher Raum und erinnert an eine Kapelle in einem mittelgroßen englischen Schloß. Die Kaiserbilder, von denen die ältesten sichtlich mehrfach restauriert wurden, und der Eindruck der Verwahrlosung, der das ganze Gebäude durchzieht, sind wahre Darstellungen des gegenwärtigen Zustandes des Heiligen Römischen Reiches Deutscher Nation.

Bis auf das Fichtelgebirge und die Residenzen der kleinen sächsischen Fürsten ist die Reise von Frankfurt nach Leipzig nur wenig abwechslungsreich. In der Nähe dieser Stadt besuchte ich die Stelle, wo der tapfere Poniatowski[11], die Hoffnung Polens, sein Ende gefunden hatte. Das romantische und begeisterungsfähige Wesen der Polen ließ sie leidenschaftlich hoffen, Poniatowski dereinst am Thron Sobieskis und der Kasimire zu sehen. Man erzählt über das tragische Los dieses Fürsten eine merkwürdige Andekdote, die von mehreren Zeugen bestätigt wird. Ungefähr sechs Jahre vor seinem Tod weilte Poniatowski zu Besuch bei Verwandten in Schlesien. Die zahlreiche Gesellschaft war in einem Pavillon versammelt, als man plötzlich vor der Tür einen klagenden, aber wohlklingenden Gesang vernahm. Es war eine Zigeunerin, die den Anwesenden ihre Zukunft voraussagen wollte. Der erste, der vortrat, war gerade Poniatowski. Das Weib betrachtete aufmerksam seine Handfläche und sprach dann leise: „Fürst, eine Elster wird Ihren Tod herbeiführen." Elster bedeutet nun auf deutsch den bekannten Vogel, ist aber auch der Name des Flüßchens bei Leipzig, in welchem der Polenfürst später ertrank. Die Prophezeiung wurde zur Erheiterung der Gesellschaft niedergeschrieben und versiegelt, und dieses Schriftstück existiert noch heute.

Sachsens Wohlstand scheint durch die Teilungen oder, richtiger, Zerstückelungen des Landes in den letzten Jahren wenig gelitten zu haben, obwohl der Krieg ungefähr eine Million Soldaten auf dem engen Gebiet dieses Königreiches angesammelt hatte. Überall erblickt man die erfreulichen Spuren einer weisen Regierung. Für die begangenen Fehler hat der König von Sachsen gebüßt, nachdem er mit Aufrichtigkeit und Ehrenhaftigkeit dem eingegangenen Bündnis auch treu geblieben war, während andere Herrscher und Fürsten bereits ein doppeltes Spiel trieben. Trotz seines Unglücks hat dieser ehrwürdige Patriarch unter den Königen gezeigt, was Klugheit und Rechtschaffenheit in kurzer Zeit zu leisten vermögen. Seine einfache Methode war die eines klugen Familienvaters, der nach Unglücksfällen seine Ausgaben einschränkt und die eingegangenen Verpflichtungen ehrlich erfüllt. Diese Aufrichtigkeit hat möglich gemacht, wessen sich kein anderer Monarch rühmen könnte, der indemnisiert wurde: gefestigten Staatskredit, einen gewissen Wohlstand, ausgedehnten Handel, Sicherheit und grenzenlose Zuneigung seiner Untertanen. Die Bewohner Dresdens und die Sachsen überhaupt zeichnen sich durch gutes Benehmen, Geschmack und Mäßigkeit aus. Das Mittagessen in den ersten Gasthöfen der Hauptstadt besteht aus einem Stückchen Geflügel und zwei dünnen Butterbroten, was für einen Engländer kaum für ein Abendbrot reichen würde. Diese Kargheit ist vielleicht durch die Armut des Bodens verursacht, der nur schwerer Arbeit Tribut zollt. Die sächsischen Fürsten sind des höchsten Lobes würdig, da sie ihren Untertanen in der Dresdener Bildergalerie eine Quelle der geistigen Erhebung erschlossen haben, welche der Stadt den verdienten Namen des Elbflorenz eingebracht hat. Verglichen mit dieser Galerie sind die Schätze der großen Säle bloß Kleinigkeiten. Stunden und Tage verweilt man andächtig vor der berühmten Sixtinischen Madonna, und immer wieder kehrt man zu ihr, zu diesem *ne plus ultra* genialer Kunst, zurück.

Dresden zählt wenige hervorragende Gebäude; die katholische Hofkirche, die Paläste des Königs und des Grafen Marcolini sind nicht imposant. Aber die gesamte Stadt stellt ein schönes Ensemble dar; – ohne romantisch zu sein, eine sehr hübsche Lage. Die schlichte und noble Brücke mit ihrer perfekten Eleganz hinterläßt zweifellos den angenehmsten Eindruck. Wenn wir dazu die Anmut ihrer literarischen Größen hinzurechnen, unter ihnen solche wie zum Beispiel Böttiger und Nostiz, so verläßt man nur ungern eine Stadt, die so viel Geschmack und Raffinement mit den liebenswürdigsten Umgangsformen vereint.

Wird Deutschland, das Vaterland von Müller, Fichte, Herder, Schiller und Goethe, nicht endlich den Weg der menschlichen Natur einschlagen und seine nationale Freiheit, unzertrennliche Gefährtin eines freien Willens und Ergebnis eines erleuchteten Verstandes, erstreiten? Wird Deutschland nicht dem Beispiel Englands folgen, welches seine natürlichen Rechte erlangte, nachdem Shakespeare, Addison und Milton unter ihren Landsleuten das Licht des Wissens verbreitet hatten, oder wird Deutschland nicht Frankreich nachstreben, wo Corneille, Racine, Montesquieu und Rousseau mit den Vorurteilen der Barbarei und feudaler Abhängigkeit aufgeräumt haben?

Deutschland ist in kleine Länder zerrissen, die voneinander durch Eifersucht, Lebensweise und Vorurteile geschieden sind. Über allem stehen aber seine Fürsten, die – jeder nationalen Gesinnung bar – willige Werkzeuge Österreichs und Preußens sind, so wie sie einst Napoleons Vasallen gewesen waren. Durch die gemeinsamen Anstrengungen jener Mächte und Fürsten und des „Reiches der Finsternis" ist Deutschland verurteilt, langsam in Sklaverei und russische Knechtschaft zu versinken. Dies wird geschehen, wenn dereinst diese Macht Österreich und die Türkei unterworfen, Böhmen, Mähren, die Überreste Polens und die Moldau seinem Reiche einverleibt haben wird.

Der Geist der Zivilisation strebt nach dem Westen. Er waltete zuerst in den herrlichen Ebenen des Euphrats, des Tigris, des Araxes und des Ganges. Diese sind nun verwüstet. Dann zog er hin an die Ufer des Mittelmeeres, und Lydien und Ephesus stiegen empor. Dieser Ruhm erblich später, um dem strahlenden Stern Griechenlands Platz zu machen, der wieder mit dem Fall von Korinth verschwand. Dann beherrschte Rom die Welt; aber auch dieses Weltreich lebt heute nur mehr in den Büchern der Geschichte, und die Hoffnung Europas ruht auf dem stolzen Felsen Albions. Aber das Glück scheint sich nun für Amerika entschieden zu haben, und der Geist Europas wird sich vielleicht noch vor Ablauf von zwei Jahrhunderten an die Ufer des mächtigen Mississippi flüchten, um den Fesseln der modernen Scythen zu entrinnen.

Möge Europas Genius niemals die edle, stolze und glückliche englische Insel fliehen; möge es immer das bleiben, als was es sich bewährt hat: das Bollwerk der Freiheit.

Zweites Kapitel

Napoleon in Dresden. – Die Schlachten von Nollendorf und Maria Kulm. – Österreichische Polizei. – Teplitz und seine Bäder. – Spione. – Spaziergänge. – Der König von Preußen. – Geselligkeit in Teplitz. – Die Umgebung des Ortes. – Eisenberg. – Ausflug nach Karlsbad. – Böhmische Zustände. – Bauernstand und Regierung. – Volkscharakter. – Musikalische und romantische Anlagen. – Religion.

Wir verließen Dresden auf derselben Landstraße Richtung Böhmen, welche vierzehn Jahre vorher die Adler Österreichs, Rußlands und Preußens vor dem großen Korsen fliehen gesehen hatte. Hier spielte sich der letzte Akt seines ruhmvollen Lebens ab. Nach der Schlacht von Dresden war Napoleon Herr des Schlachtfeldes geblieben und betrat die Stadt nach zwei Tagen ununterbrochener Kämpfe in strömendem Regen. Er war todmüde, seine Kleider waren durchnäßt und die Ränder seines Dreispitzes von der Nässe abwärts hängend. Trotzdem begrüßten die Bewohner Dresdens den Sieger voll Bewunderung mit lauten Zurufen *Vive l'Empereur!*, die den Eroberer tief im Herzen rührten. Mit tränenden Augen, wie dies bei ihm selten vorkam, sagte der Held zu Berthier: „Ja, das hier ist aufrichtiger Beifall." Dann aber wandte er sich zu den 7000 österreichischen Kriegsgefangenen, die er in dieser Schlacht gemacht hatte, und eine Finsternis trat in seine Züge, die ihn danach nie mehr verließ: es war eine Düsternis aus Zorn und Rachsucht. Denn er war sich bewußt, daß der Prager Vertrag anderer Art war und auf seine Vernichtung abzielte. In Napoleons Charakter liegt die Antwort auf die Frage, warum er einen ihm angebotenen günstigen Frieden zurückwies. Es war der Zorn, der Wunsch nach Rache und Demütigung, ja vielleicht nach endgültiger Vernichtung eines Herrschers, der ihn hintergangen hatte. Ein Geist wie der seine, mächtig, stark, in soldatischer Denkweise aufgewachsen, trotz allen Glanzes des höfischen Lebens nicht verweichlicht, des Befehlens gewohnt, ertrug es nicht, den Frieden von jenen anzunehmen, die er früher in seiner Hand gehalten hatte. Er sah nur den ungeheuren Verrat Österreichs; und so wie ein wütender Fechter im

Kampfe mit einem schwächeren, aber kaltblütigen Gegner sich leicht eine Blöße gibt, stürmte er mit jener Energie vorwärts, die den Anfang zu seinem Untergang bildete. Die erste Schlacht nach dem Siege von Dresden bestätigte dies. Napoleons ganzer Haß richtete sich gegen Österreich, und um seinen Rachedurst zu stillen, ließ er ein Heer durch die böhmischen Engpässe unter der Führung seines grausamsten, aber auch unbegabtesten Generals, des bekannten Vandamme, abgehen.

Über diese historische Straße fuhren wir von Peterswalde bis Nollendorf. Das Gespräch mit meinem Reisegefährten unterbrach ein „Halt", das uns in die Gegenwart zurückführte. Ein schwarzgelb angestrichener Schlagbaum, der über die ganze Straße ragte, wurde heruntergelassen und hinderte uns am Weiterfahren. Ein Zollbeamter, ein Feldwebel und zwei Soldaten schritten aus einem Wachhaus, welches von einem Doppeladler gekrönt war. Mein Freund hatte es für gut befunden, meine Bücher und Schriften unter seinen unmittelbaren Schutz zu nehmen, aber diese Vorsicht erwies sich als unnötig. Der Zollbeamte fragte meinen Begleiter unter zahlreichen Bücklingen, wer denn der andere Reisende, ich, sei. Nachdem er über diesen Punkt befriedigende Auskunft erhalten hatte, erkundigte er sich, die Kappe in der Hand, nach ausländischen Büchern und begann meine Koffer zu öffnen. Aber mein Reisegefährte bedeutete ihm mit einem Lächeln in gleichgültigem und hochmütigem Ton: „Wir werden den Paß dieses Herrn selbst ausfolgen; er ist mein Freund, und Sie können sich auf meine Rechnung einen Braten und ein Faß Bier holen lassen." Der Beamte bekundete seine Zufriedenheit mit einem ehrfurchtsvollen Handkuß, die Soldaten grinsten freundlich, und hierauf fuhren wir durch den Engpaß von Nollendorf. Dieser ist durch den Widerstand berühmt, den hier 3000 Preußen unter General Kleist, Graf von Nollendorf, dem verfolgenden Vandamme so lang entgegensetzten, bis in ihrem Rücken eine ausreichende Streitmacht versammelt war. Die Straße senkt sich nun in eine tiefe, auf drei Seiten von hohen, reich bewaldeten Bergen umschlossene Schlucht, deren bewaldete

Abhänge vor vierzehn Jahren die blutige und verzweifelte Schlacht gesehen haben, die als Schlacht von Maria Kulm bekannt ist. Das Tal öffnet sich dann nach Süden hin. Hier spielte sich auf einem Hügel, der von der russischen Garde unter Ostermann verteidigt wurde, der Hauptkampf ab. Die Preußen kämpften auf dem rechten Flügel, die Österreicher auf dem linken. Die Franzosen schlugen sich mit einer Sicherheit, die durch erlittene Mißerfolge noch nicht beeinträchtigt war, die Alliierten kämpften mit der Kraft der Verzweiflung. Das Eintreffen des österreichischen Generals Graf Colloredo mit frischen Truppen brachte die Entscheidung zugunsten letzterer. 9000 Franzosen ergaben sich, und 4000 konnten fliehen. Der Rest des Heeres, 40.000 Mann, wurde getötet, verwundet und zersprengt. Zwei Denkmäler erinnern an diesen Kampf, das eine wurde vom König von Preußen zum Gedächtnis seiner gefallenen Soldaten errichtet, das zweite vom böhmischen Adel seinem im Jahre 1824 gestorbenen Landsmann Graf Colloredo-Mansfeld.

Das Schloß Maria Kulm ist der erste Herrensitz, der sich nahe dem gleichnamigen Ort unserem Anblick bietet, – ein vornehmer Herrensitz in modernem Stil inmitten eines Parks, gut gepflegter Gärten und zahlreicher Wohnhäuser für die Dienerschaft. Der vornehme Eigentümer ist der Graf Thun. Von hier erreichten wir in eineinhalb Stunden Teplitz, den berühmten Wallfahrtsort aller jener, welche sich der Gaben von Ceres, Bacchus und Venus in zu reichem Maß erfreuen.

Die Stadt hat den angenehmen Vorteil, daß sie dem Reisenden die Wahl läßt, in den Gasthöfen fünf Pfund Sterling oder nur einen Shilling im Tage auszugeben. Das Äußere des Kurgastes und seine Ressourcen sind maßgebend für das Entgegenkommen der Polizei, die ihr Benehmen nach den Angaben des Reisepasses richtet.

Ein Fremder, der von weither nach Österreich kommt und Vertrauen durch sein Auftreten und seine Mittel erweckt, wird von der Polizei weniger behelligt als in Frankreich oder in Preußen. Der Polizeidruck lastet viel schwerer auf dem niederen Volk. Den höheren Ständen und den vornehmen Fremden, solange sie nicht das

Brandmal des *Revolutionärs* tragen, werden mehr Freiheiten eingeräumt, und sie fühlen sich daher hier eher behaglich als sonstwo,
gewiß mehr als in Preußen. Zwei Dinge aber gibt es, die ich einem
Engländer ans Herz lege: Wenn er die Reise antritt und geneigt ist
zu sparen, wogegen ich nichts einzuwenden habe, handelt es sich ja
um ein freiwilliges Exil, so sollte er sich in seinem eigenen Interesse
weder Zufriedenheit noch Verachtung jener Nation gegenüber an-
merken lassen, was immer der Umstand sei, wo immer er hingeht,
um sein Glück wiederzuerlangen. Um so mehr, als diese Idee, Geld
in einem fremden Land zu sparen, damit man zu Hause wieder
mehr ausgeben könne, an sich eine Beleidigung dem besuchten
Land gegenüber ist. Zweitens möge er seine Zunge im Zaum halten. Die Freiheit ist ein Diamant, der nur in England leuchtet und,
seiner Seltenheit gemäß, besser geschätzt werden müßte. Zeigt man
dieses Kleinod Räubern oder armen Leuten, so wird es entweder gestohlen oder von jenen verachtet werden, die seinen Wert nicht ermessen können: rühme deine Freiheit vor Sklaven oder ihren Herren, so kann dies noch viel ernstere Folgen nach sich ziehen.

Teplitz ist eine sehr elegante Stadt; die zahlreichen Häuser sind
rein und solide gebaut, einige davon sogar sehr schön. Das Schloß
des Fürsten Clary, des Grundherrn von Teplitz, ist zwar nicht von
hervorragender architektonischer Schönheit; es macht aber doch
einen imposanten Eindruck. Außer einigen privaten Bädern verfügt
die Stadt über die städtischen Bäder, jene des Fürsten Clary und des
Königs von Preußen. Die Bassins sind aus Marmor oder weißem
Stein und sehr rein gehalten. Bevor das Heilwasser zum Gebrauch
gelangt, wird es zehn Stunden lang an der Luft gekühlt. Trotzdem
ist seine Temperatur zu Beginn des Bades so hoch, daß man dieses
kaum ertragen kann. Für arme Badbesucher sind zwei große, nach
Geschlechtern getrennte Bassins vorhanden; sie erhalten täglich
einen kleinen Geldbetrag als Unterstützung. Die Heilkraft dieser
Bäder soll die von Aachen und Wiesbaden übertreffen, und die
Anordnungen werden mit einem Anstand befolgt, wie man ihn anderswo kaum antrifft. Die Kur erfordert nach dem Bade gewöhn-

lich eine einstündige Ruhe, der das Frühstück und dann ein kleiner Spaziergang folgt. Um drei Uhr wird das Mittagessen in einem großen Gartensalon serviert. Dabei kann man leicht neben einen böhmischen, russischen oder polnischen Edelmann zu sitzen kommen. Da sich diese gewöhnlich von ihren Lakaien bedienen lassen, die mit einer Serviette und einer Platte hinter ihrem Herrn aufgestellt sind, möchte man diese Menschen nach ihren reichen, mit goldenen und silbernen Epauletten und Fangschnüren gezierten Kostümen für preußische oder russische Generale halten, verriete ihr ergebenes Lächeln nicht ihren wahren Stand. Die dort tafelnde Gesellschaft besteht fast nur aus Adeligen, und man weiß wenigstens sogleich, wo man ist, ohne jene unangenehmen Enttäuschungen erleben zu müssen, die in anderen deutschen Bädern so häufig sind. Dort kann es geschehen, daß man zu seiner Rechten einen Fürsten sitzen hat, der vielleicht nur 500 Louisdors Jahresrente besitzt, und zur Linken einen preußischen Fähnrich, sodaß man gezwungen ist, das liebenswürdige Entgegenkommen des Aristokraten mit kalter Stille zu erwidern und den säbelrasselnden Hochmut des jugendlichen Kriegers mit einem höflichen Lächeln abzutun. Während der Mahlzeit spielt ein kleines, aber vortreffliches Orchester harmonische Melodien, für die Böhmen allseits berühmt ist und über deren Kunst man fast der vorgesetzten Rehbraten, Bärenschinken und Fasane vergißt. Die Schmackhaftigkeit dieser Vögel hat auch Napoleon anerkannt und ließ alljährlich für seinen Tisch fünfhundert davon nach Paris kommen. Champagner, die Weine vom Rhein und hauptsächlich die aus Ungarn werden ausgiebig kredenzt und hierin muß man der Liberalität der österreichischen Regierung Gerechtigkeit widerfahren lassen. Wenn sie auch der geistigen Entwicklung ihrer Untertanen Fesseln auferlegt, so widmet sie deren leiblichem Wohl einige Aufmerksamkeit und gestattet, im Gegensatz zu anderen Regierungen, die Einfuhr aller fremden Weine in einem Ausmaß, wie sie es ihren Untertanen für zuträglich hält. Das Tischgespräch dreht sich niemals um Politik. Der Russe wird von der letzten ungarischen Weinlese sprechen, der fettleibige

österreichische General wird sich über den servierten Fasan aner-
kennend äußern, und der Pole widmet sich ausschließlich seinen
schönen Landsmänninnen, die den Ehrenplatz an der Tafel ein-
nehmen. Einer der Tischgenossen verdient jedoch besondere Aufmerksamkeit. Er hat stets ein Lächeln im Gesicht und spricht
fließend Französisch, Englisch und Deutsch; – er ist ein Wetter-
hahn von ganz unbestimmbarem Charakter, aber er sitzt unfehlbar
jedem neuangekommenen Kurgast gegenüber. Während der russische General ihm mit größter Höflichkeit begegnet, verfolgt ihn
der polnische Edelmann mit wütenden Blicken; der österreichische
General wiederum behandelt ihn mit einer gewissen Ergebenheit,
während ihn dessen Adjutant, der junge, reiche Graf N., nur flüch-
tig zur Kenntnis nimmt. Der Unbekannte ist ein genauer Beobachter, wirkt unbekümmert, und jeder Fremde kann sicher sein,
aufmerksam beobachtet zu werden. Wer ist nun dieser Mann? Es ist
der Regierungsrat B. C., der kaiserliche Spion, der auf Kosten
Seiner Majestät und auf recht großem Fuß die Saison in Teplitz verbringt. Jedermann kennt ihn, jedermann ist mit ihm vertraut, und
er ist nur Unerfahrenen gefährlich. Man trifft diese Gestalt überall,
selbst in den abgeschlossenen Kreisen des Adels, denn diese halten
es, um ihre Loyalität und ihre Verbundenheit mit den kaiserlichen
Anliegen zu zeigen, für ratsam, bei Herrn C. gut angeschrieben zu
sein. In allen anderen Kurorten Österreichs findet man gleiche
Individuen.

Nach dem Mittagessen, gegen fünf Uhr, werden bei gutem
Wetter Ausflüge in die Dörfer der Umgebung unternommen. Bei
unsicherer Witterung sucht man den Park des Fürsten Clary auf.
Dieser besitzt zwei große Teiche, auf welchen stolze Schwäne da-
hinziehen, an den Ufern stehen prachtvolle Linden und alle möglichen anderen Laubbäume und Sträucher, die den noblen englischen
Geschmack des Besitzers verraten. Täglich, und bei jedem Wetter,
sind zwei Männer im Claryschen Park zu sehen: Der eine ist von
schlanker Gestalt, mit seinem Zweimeterschritt ein wenig aus dem
Maß geraten, und hat ein längliches Gesicht mit finsterem Aus-

31

druck. Sein Begleiter ist ein kleiner, dünnbeiniger Mann, gewöhnlich vom Kopf bis zu den Füßen mit Kot bespritzt und von seinem großen Genossen immer in Atem gehalten. Der erste ist der König von Preußen, der es nie versäumt, bei Regenwetter Bewegung zu machen, zum großen Kummer seines kleinen Dieners, des ersten Kammerherrn, Fürsten von Wittgenstein, der seinem königlichen Herrn folgt oder, richtiger gesagt, atemlos durch dick und dünn nachläuft. Während des Spazierganges herrscht tiefstes Schweigen. Der König sinnt offenbar über eine wichtige Verbesserung in der Uniformierung seiner Truppen nach. Vor einigen Wochen sandte er einen Kurier nach Berlin, um die schwarzen Handriemen seiner Soldaten in solche von weißer Farbe umändern zu lassen. Die Eile, mit welcher dieser Kurier abreiste, erweckte nicht nur in Teplitz, sondern hauptsächlich in Wien starke Beunruhigung, bis nach acht Tagen das wichtige Geheimnis offenkundig wurde.

Diese Änderungen an der Uniformierung und das Spielcasino in Paris sollen die Hauptvergnügungen des Königs sein. Vor vier Wochen, unmittelbar vor seiner Abreise von Berlin, ereignete sich ein Zwischenfall, der Seine Majestät nicht wenig erschreckte. Er promenierte unweit des königlichen Schlosses im Park, als sich ihm ein Mann näherte, die rechte Hand an der Brust verborgen. Der König erschrak, dachte offenbar an Sand[12], kehrte um und eilte rasch dem Schlosse zu, wohin ihm auch der Fremde folgte. Atemlos erreichte der König das Schloß und befiehlt, seinen Verfolger festzunehmen und zu untersuchen. Zitternd eilt er in seine Gemächer, doch plötzlich taucht der Kronprinz auf und zieht aus seiner Brusttasche eine Bittschrift mit den Worten: „Hier ist der Dolch, mit dem man dir nach dem Leben getrachtet hat.“

Der beschämte Monarch las die Bittschrift, bestrafte seinen Sohn mit Arrest und befahl die Freilassung des Bittstellers, dessen Gesuch abschlägig beschieden wurde. Dem königlichen Beispiel folgend leben die Preußen streng abgesondert von der übrigen Gesellschaft, welche dies nicht als Verlust empfindet. Über den unerträglichen Hochmut dieser Haudegen herrscht nur eine Ansicht. Zwischen ihnen und den Österreichern, besonders den Offizieren, besteht heftige Eifersucht: die Preußen schüren diese unaufhörlich durch ihren Hochmut, der um so lächerlicher wirkt, als sie kläglich aussehen, und gibt es überhaupt wenig Grund, stolz zu sein. Beide gehören Sklavenvölkern an; die einen müssen den militärischen Phantasien eines schweigsamen Königs gehorchen, die anderen dem Willen eines glattzüngigen Staatskanzlers. Was den militärischen Ruhm betrifft, so ist es richtig, daß die Preußen unter Friedrich dem Großen Siege errungen haben. Aber welche Soldaten hätten unter einem solchen Strategen nicht gesiegt? Was haben sie dann in den Kriegen von 1790 bis 1794 geleistet? Und hat man es vergessen, daß sie 1806 nicht einmal den Franzosen standhielten? Österreich dagegen hat einen fünfundzwanzigjährigen Krieg nicht ganz ruhmlos bestanden, und die österreichischen Heere haben trotz mancher Niederlagen ihre Ehre wiederhergestellt und Napoleon bei Aspern und Wagram geschlagen, als er auf dem Gipfel seiner Macht stand. Während des letzten Krieges von 1813 und 1814 überwältigte die Überzahl Napoleon, der den Beistand Österreichs verloren hatte. Friedrich Wilhelm III. würde ansonsten wohl irgendwo in den Vereinigten Staaten Mais pflanzen dürfen, und sein boshafter Sohn müßte wie viele ehrenwerte Yankees sich um seine Wirtschaft kümmern, anstatt seinen Vater zu verhöhnen.

Teplitz ist, wie gesagt, ein reizender und vornehmer Kurort. Man findet dort keine Spur von Armut und Käuflichkeit, den beiden in deutschen Bädern sonst so häufigen Übeln. Bei der Abreise überläßt man dem Orchester für seine reizende Tafelmusik eine Kleinigkeit, und man wird dafür nicht von Wandermusikanten behelligt, welche anderwärts den Fremden zwingen, immer die Hand in der Tasche zu haben und Kreuzer und Groschen oder sonstige schlechte Münzen, für die Deutschland ja bekannt ist, ununterbrochen bereitzuhalten.

Die österreichische Polizei hat zu guter Letzt auch eine gute Seite: ihre Fürsorge um das Wohlbehagen und die Unerfahrenheit der Fremden. Wirte, Fuhrleute und das sonstige in Bädern und

Hotels vorkommende Volk sind notgedrungen ehrlich. Ein räuberischer Wirt wird unbarmherzig bestraft, und ungebärdige Dienstleute werden sofort entlassen, wenn sie einen Fremden ausnehmen wollen.

Die vornehmen weiblichen Badegäste sind meist russische, sächsische und polnische Damen. Es gibt kaum eine bezauberndere und gefährlichere Frau als die Polin. Der verstorbene russische Zar hat in diesem Punkte eine sehr traurige Erfahrung mit der Tante zweier sehr hübscher Fräuleins gemacht, die während meines Aufenthaltes die Zierde der vornehmen Kreise in Teplitz waren. Der Tribut, den er im Jahr 1811 der Prinzessin M ... y für nur zwölf Monate zu entrichten hatte, erschöpfte seine Mittel derart, daß, einige kleinere Galanterien für die verstorbene Königin von Preußen ausgenommen, die Kaiserin von Rußland späterhin wenig Ursache hatte, sich über die Untreue ihres Gatten zu beklagen.

Freunden von Bier, Tabakrauchen und hundertemal wiederholter militärischer Erzählungen sei die Gesellschaft der Preußen empfohlen, die sich im Hotel „Zum Adler" oder „Zum Wildschwein" versammeln. Sie werden ihre Großtaten in den Schlachten von Katzbach, Bar-sur-Aube und Montmartre auftischen und darlegen, wie nur sie es verhinderten, daß Wellington und sein Heer bei Waterloo in Fetzen gehauen wurden. Um mögliche Zweifel aus dem Weg zu räumen, zücken sie dann noch aus einer kleinen, ehemals rot gewesenen Tasche Pläne dieser berühmten Schlachten.

Die Umgebung von Teplitz wird das Paradies Böhmens genannt, und die Stadt ist in den Sommermonaten auch der Mittelpunkt des böhmischen Gesellschaftslebens. Überdies verbringt ein Teil der böhmischen Aristokratie den Sommer in den zahlreichen nahegelegenen Schlössern, welche den Vergleich mit den schönsten adeligen Sitzen Englands nicht zu scheuen brauchen. Die bemerkenswertesten sind Eisenberg, Postelberg, Rothenhaus und vor allem Raudnitz. Aber diese großen Besitzungen bieten nicht die abwechslungsreichen Bilder, wie in England, wo ein feiner Sinn für natürliche Reize, die glatt geschnittenen lebenden Hecken und die tiefgrünen Rasenteppiche die Landschaft beleben. In Böhmen sieht man schöne Dörfer, förmlich begraben in Wäldern von Obstbäumen, und ein prachtvolles Schloß inmitten großer Gärten, das selten von Menschen betreten wird, außer von Jägern, erhebt sich häufig neben einer ärmlichen Hütte.

Unser erster Ausflug galt Eisenberg, einer Besitzung des Fürsten von Lobkowitz. Nachdem wir drei Meilen durch einen Wald zurückgelegt hatten, zeigte sich das Schloß steil vor unseren Blicken aufragend. Beim Herannahen unseres Wagens blieb ein Rudel von Damhirschen ein Weilchen stehen und verschwand dann im Dikkicht. Stolz thront das Schloß, ein rechteckiger, dreistöckiger Bau mit kuppelgekrönten Eckpavillons auf einer hohen Waldlichtung, zu der drei Alleen emporführen. Zwei von jonischen Säulen getragene Balkone zieren seine Vorderseite, und eine doppelte Freitreppe führt in die prachtvoll eingerichteten Räume des ersten Stockwerkes, die ausschließlich der fürstlichen Familie dienen. Das Gemälde eines der Vorfahren, Bohuslaus Lobkowitz, ziert den großen Salon. Alle Räume sind fürstlich ausgestattet. Der zweite Stock ist Fremden vorbehalten, die hier, selbst in Abwesenheit des Schloßherrn, mit größter Gastfreundlichkeit aufgenommen werden. Wir nahmen die Einladung an, den Tag im Schloß zu verbringen, lehnten es aber ab, an der in einer Woche beginnenden Damhirschjagd teilzunehmen. Diese Art der Jagd ist in Böhmen nicht ermüdend. Die Schützen stellen sich an irgendeinem Waldrand auf; dorthin werden zehn oder zwölf der edlen Tiere getrieben und erlegt oder eigentlich hingeschlachtet. Ein Mahl und ein Tanz beschließen gewöhnlich das Fest.

Der Rundblick von dem Schloß ist prachtvoll. Im Westen erschaut man im Spiel der Wolken die Sudeten, das magische Reich Rübezahls, gegen Norden das Erzgebirge, und im Süden öffnet sich dem Blick das schöne Böhmerland, bedeckt mit Ruinen, Schlössern, Städten und Dörfern. Der Fürst bewohnt den Ort nur während der Jagdzeit einen oder zwei Monate lang. Zu dem Besitz gehören 100.000 Morgen Waldungen. Hiervon ist ein Teil als

Tiergarten eingefriedet, wo 250 Damhirsche und Rehe sowie 50 Wildschweine gehegt werden. Alle drei Jahre wird hier unter Mitwirkung des Adels der Umgebung gejagt. In England würde ein derartiger Besitz einen jährlichen Aufwand von 2000 Pfund Sterling erfordern; hier kommt er bedeutend billiger zu stehen. Das Wild wird mit der Gerste gefüttert, welche die zwölf Pachthöfe der Herrschaft zu liefern haben, die 25.000 Morgen Ackerland, Wiesen, Obst- und Hopfengärten umfassen. Die Pachthöfe sind von 60 Dörfern umlagert, die ebenfalls zu der Herrschaft gehören. Ihre Bauern müssen die Felder bestellen, die Straßen instand halten oder neue anlegen und bei den Jagden Treiberdienste leisten. Die Gutsführung liegt in den Händen eines Verwalters, die Pflege der Wälder obliegt einem Forstmeister, beide sind der Regierung gegenüber verantwortlich, der erste, um Verordnungen umzusetzen, der zweite, um die Selbstverwaltung der Forste zu sichern.

Die Zinsen dieses großen Besitzes fließen aus dem Ertrag der Felder, der Eisenhütten, der Forste, der Zehente und Giebigkeiten der Bauern, welche diese beim Verkaufe ihrer Besitzungen an den Grundherrn zu entrichten haben. Der Jahresertrag dieser Herrschaft beträgt rund 5000 Pfund Sterling. Fügt man noch das Einkommen von fünf oder sechs weiteren Gütern des Herzogtums Raudnitz hinzu, so ergibt das eine Rente von 25.000 bis 30.000 Pfund Sterling, eine Summe, welche in Österreich ausreicht, um eine Lebensführung im großen Stil aufrechterhalten zu können.

Böhmen zählt im Vergleich zu den übrigen europäischen Ländern nur sehr wenig Freibauern, dagegen verpachten fast alle Großgrundbesitzer ihre Ländereien, wodurch der Einfluß der böhmischen Grundherren auf die Bauernschaft weit größer ist als im eigentlichen Österreich. Die Regierung interessiert sich daher für die Sorgen der Bauern, mit denen sie, je nach den Erfordernissen der öffentlichen Meinung, entgegenkommend oder strenger verfährt. Nach zwei Tagen kehrten wir über die alte Ortschaft Brix zurück, die genügend Vorräte an Gerätschaften besitzt, um damit das ganze Königreich zu versorgen.

Einer der interessantesten Orte in Böhmen, wenn nicht in der Welt, ist Karlsbad. 40 Meilen weit führt die Straße von Teplitz nach Karlsbad ununterbrochen durch wohlbestelltes Ackerland. Es ist dies der reichste und fruchtbarste Teil des Königreiches mit einer wohlhabenden Bauernschaft. Zwischen Saaz und Komotau liegt das prachtvolle Schloß des Fürsten von Schwarzenberg, berühmt durch seine sportlichen Jagden. 12.000 Stück Wild, Fasane und Hasen, werden hier jährlich erlegt, und zu den Festen werden der hohe und der niedere Adel der Umgebung entweder eingeladen oder beigezogen. Karlsbad selbst liegt an den Ausläufern des Riesengebirges, und wir erreichten es am Morgen unseres zweiten Reisetages nach einer Fahrt von fünfundachtzig Meilen. Knapp vor der Ankunft senkt sich die Straße von einem 1800 Fuß hohen Berg jäh in ein tiefes Tal, in welchem man die Stadt erblickt. Gemauerte Bogen von 30 bis 50 Fuß Höhe tragen diese Chaussee, die alles ähnliche auf dem Festland übertrifft. Erst wenn man von Karlsbad aus auf die Straße zurückblickt, merkt man den überwundenen Höhenunterschied. Die Stadt ist ungefähr eine halbe Gehstunde lang und eine Viertelstunde breit; sie wird von dem schmalen Flüßchen Tepl durchzogen. Gleich mächtigen Wällen steigen unmittelbar hinter den Häusern die Berge mit wilder und abschüssiger Herrlichkeit auf. Inmitten der gegen 300 Häuser zählenden, hübschen kleinen Stadt, knapp vor der steinernen Brücke, stößt die Quelle ihr siedendes Wasser aus dem Boden. Sie wird von einem Runddach beschützt, unter welchem vornehme Leute aus allen Nationen die Lippen mit dem heißen Wasser des berühmten Gesundbrunnens netzen. Über die Steinbrücke geht es zum Neubrunnen, der von den gerade Angekommenen vorgezogen wird, die nach einigen geleerten Bechern raschen Schrittes zur hölzernen Galerie am Teplufer eilen. Die Karlsbader Trinkkur wird gewöhnlich mit acht Bechern begonnen, die in Zwischenräumen von einer Viertelstunde bis zu einer Stunde ausgetrunken werden. Dann steigert man auf 16, ja selbst auf 24 Becher, von denen im letzten Abschnitt der Kur vier direkt vom Sprudel genommen werden.

Karlsbad ist der Zufluchtsort aller Hypochonder, Milzsüchtigen, Menschenfeinde und Müßiggänger. Dieser Ort scheint von der Natur dazu auserkoren zu sein, vor allem den seelisch Kranken zu heilen, die die Wunden vergessen möchten, die ihnen das gesellige Leben zugefügt hat. Seine Bewohner kümmern sich ausschließlich um das Wohl der Fremden, und der enge Umkreis des Städtchens verschmilzt seine 2000 Bewohner und seine ebenso vielen Kurgäste zu einer großen Familie, in der nach zwei Tagen einer den anderen bereits kennt. Die Karlsbader und ihre Gäste sind das gerade Gegenteil der Einwohner und Besucher von Teplitz. Sie sind ein fröhliches, lebensfrohes Völkchen, unermüdlich besorgt um das Wohlergehen der Fremden. Sie sollen sich im Winter für die Mühen des Sommers dadurch entschädigen, daß sie regelmäßig die Erträgnisse der Saison verjubeln. Während die Kurgäste von Teplitz den Morgen in ihren Betten verbringen, trifft man sich an den Karlsbader Quellen schon sehr frühzeitig und, getreu den ärztlichen Vorschriften, wird das getrunkene Wasser durch scharfe Spaziergänge verdaut. In Karlsbad sieht man im Gegensatz zu Teplitz, wo dies unumgänglich ist, wenige Wagen in den engen Gassen, außer man unternimmt einen Ausflug nach Eger. Die meisten Fremden ziehen es vor, die schönen und schattigen Fußwege zu beschreiten, oder bis zu Lord Findlaters Tempel emporzuklimmen.[13] Der gewöhnliche Spaziergang ist der Park, der sich in die Richtung nach Pirkenhammer hinzieht. Die Heilkraft der Karlsbader Wässer ist zu bekannt, um hier besonders angepriesen zu werden. Ihr Entdecker war König Karl IV., der einst ein Reh verfolgte, das in einen Brunnen stürzte, aus dem dann Dampf aufstieg. Seine Diener wollten ihn glauben lassen, es handelte sich um eine verborgene Zauberküche, doch der unerschrockene und in seiner Zeit aufgeklärte Monarch forschte nach und wurde auf diese Weise ein Wohltäter der Menschheit, angefangen vom Premierminister bis zu dem armen Autor, der wohl den entzückenden Ort segnet, sich aber nicht ohne Gruseln des Karlsbader Kongresses erinnert.

Hochzufrieden von unserem Ausflug kehrten wir auf dem gleichen Wege nach Teplitz zurück. In Österreich reist man am besten im eigenen Wagen mit Postpferden; der Preis ist mit sieben Shilling für zwei Pferde auf zehn Meilen festgesetzt. Da man Fuhrwerke überall zu billigen Bedingungen erhält, ist dies allgemein die beste Art zu reisen, und die vollgedrängten Postwagen, oder Diligences, wie man sie nennt, werden meist nur von den niederen Ständen benützt.

Von Teplitz nach Prag sind es ungefähr 76 Meilen; die Straße führt über Lobositz und Gitschin. Ein Abstecher von nur wenigen Meilen führt zur prachtvollen Sommerresidenz des Fürsten von Lobkowitz, Herzogs von Raudnitz, einem der schönsten Besitztümer in Böhmen. Das Schloß und ein Park mit seinen vierhundert Stück Rot- und Schwarzwild befriedigen die höchsten Maßstäbe. Dies und die pittoreske umgebende Landschaft, die rebentragenden Berge von Melnik, die gleichnamige Ruine und der mächtige Fluß Elbe ergeben ein kaum ausdrückbares Bild von Größe und Schwermut. Das ganze Land stellt eine Art Stilleben vor, das sich in merkwürdiger Weise zur abwechslungsreichen Landschaft in Kontrast setzt und noch mehr zum tiefen, unruhigen Gemüt seiner Bewohner. Die Weinhänge nahe Lobositz, Aussig, Melnik und Raudnitz wurden von Karl IV. mit Burgunderweinreben bepflanzt. Die Dörfer sind in diesem Bezirk seit zwei Jahrhunderten innerhalb ihrer Grenzen von vor zweihundert Jahren geblieben. Die Städte Budin und Leitmeritz, durch welche unsere Straße führte, haben ein angenehmes Ausssehen, sie sind in besserem Zustand als viele gleich große deutsche Städte, obwohl ihre alten Festungswerke verfallen sind. Zwischen Budin und Leitmeritz findet sich die Festung Theresienstadt, die in Kriegszeiten eine Garnison von 1200 Mann beherbergt, aber dies gereicht dem Land keineswegs zum Vorteil. Die böhmischen Bauern errichten ihre Häuser gewöhnlich aus Stein oder gebrannten Ziegeln, decken sie aber nur mit Stroh oder Schindeln. Bloß jene der Reichen weisen Ziegeldächer auf, aber auch hier hat nur das beste Zimmer einen hölzernen Fußboden.

Die österreichische Regierung scheut jedenfalls wegen ihrer eigenartigen Stellung davor, die Tatkraft ihrer Untertanen zu erwecken, weil dadurch der Gehorsam leiden könnte. Sie gestattet ihnen nur, in dem Maß Wohlstand zu erreichen, als nötig ist, um zu essen, zu trinken, Steuern zu bezahlen und für den Kriegsfall einen Notgroschen zurückzulegen. An die Bildung von Vermögen wird nicht gedacht, dies wird eher für gefährlich gehalten. Es ist wohl ein kurioser Umstand, daß der Kaiser dem berüchtigten Staatsbankrott nur deshalb zustimmte, weil sein Minister, Graf Wallis, ihm vorhielt, daß der Überfluß an Zahlungsmitteln den Untertanen eine Energie und Unternehmungslust verlieh, die den Zustand ihrer Unterwerfung gefährden könnte. Wenn aber andrerseits der Landwirt nicht imstande ist, seine Steuern zu entrichten, wie dies gegenwärtig bei Tausenden der Fall ist, so wird nicht nur ein Steueraufschub, sondern sogar ein Nachlaß gewährt, so daß Versteigerungen auf Betreiben des Fiskus sehr selten vorkommen.

Die böhmischen Bauern genießen einen gewissen Grad an Freiheit: sie sind nicht Leibeigene ihrer Adelsherren wie die Ungarn; sie dürfen heiraten und ihre Güter verkaufen, nur können sie keine landtäflichen Besitzungen erwerben. Die Grundsteuer beträgt für sie das Doppelte des Betrages, den der Gutsherr für das gleiche Flächenmaß zu entrichten hat; außerdem leisten sie den Zehent an die Grundherrschaft und die Kirche und sind mit ihren Angehörigen und ihrem Viehstand robotpflichtig. Alle diese Vorschriften überwacht die Landesstelle in Prag unter der Aufsicht der Landstände des Königreiches Böhmen. Zur Ausführung gelangen sie durch einen Amtmann oder Pfleger mit dem entsprechenden Stab von Unterbeamten und Schreibern. Dieser Amtmann bezahlt seine Beamten, die wohl von der Gutsherrschaft abhängen, aber auch der Regierung verantwortlich sind.

Der Amtmann sammelt die Steuern ein und führt sie an die Kasse der Kreishauptstadt ab. Er leitet überdies die Rekrutierung, überwacht den öffentlichen Straßenbau, sorgt für die Verpflegung des Heeres und die Durchführung aller die Bauernschaft betreffenden Gesetze. Der Amtmann verkörpert auch die erste Gerichts-instanz, an welche sich die Bauern unmittelbar wenden. Im Falle von Mißbräuchen steht den Bauern das Beschwerderecht bei der vorgesetzten Behörde, dem Kreishauptmann, zu, der in der Haupt-stadt eines der 16 böhmischen Kreise seinen Sitz hat. Er bekleidet den Rang eines Regierungsrates oder eines Regimentsobersten, hat vier Beamte und einige Diener zur Verfügung. Die höchste Instanz ist die Landesstelle in Prag mit dem Oberstburggrafen von Böh-men. Der Bauer kann sich schließlich noch an die Vereinigte Hof-kanzlei in Wien wenden, welche der Hofkanzler leitet, oder an aller-letzter Stelle an den Staatsrat, dem der Kaiser, oder in dessen Vertretung Fürst Metternich als Vizepräsident, vorsitzt.

Die Rechtsprechung erfolgt ungefähr in den gleichen zuvor ge-schilderten Formen. Auf jeder großen Herrschaft sitzt ein Justiziar, der dem Juristenstand entnommen wird und ebenfalls unter der Gutsherrschaft steht, die ihn bezahlt. Der Justiziar entscheidet in erster Instanz; der Berufungsweg führt zum Appellationsgerichts-hof in Prag, das aus dem Präsidenten, einem Vizepräsidenten und fünfundzwanzig Räten besteht. Bestätigt dieser den ersten Rechts-spruch, so ist eine weitere Berufung ausgeschlossen. Fällt der Spruch anders aus, so steht der Weg zur Obersten Justizstelle in Wien offen, deren Vorsitzender der k. k. Oberste Justizpräsident ist. Auf diese Weise ist die Regierung bemüht, den Bauer vor Übergrif-fen der Gutsherren und ihrer Amtmänner zu schützen. Die Kreis-hauptleute, denen sowohl die Gutsherrschaft als der Bauer unter-stehen, sind ein genügendes Gegengewicht zur Grundherrschaft, sollte diese über ihre Verwalter Mißbrauch mit den Untertanen trei-ben. Da jedoch die Zahl der Behörden insgesamt eine unendlich große ist, und der arme Bauer diesen allen gegenübersteht, so unter-scheidet sich sein Ausmaß an persönlicher Freiheit, wie sie Josef II. verliehen hat, nur um weniges von dem der Sklaverei.

Die Gemütsart der böhmischen Bauern ist auch derart, wie man sie von einem Volk erwarten kann, welches von einer Menge von Gebietern bedrückt wird, von denen jeder sich für berechtigt hält, sie seine Macht spüren zu lassen. Sie sind sklavisch gedrückte, argwöhnische und verschüchterte Menschen! In den Gesichtern der Böhmen und Tschechen, wie sie sich lieber bezeichnen, zeigt sich Verdrossenheit, und gegen Versprechungen, ja selbst gegen Geld, verhalten sie sich halstarrig und gleichgültig. Jedes Argument wird zurückgewiesen, außer das der persönlichen Anrede. Die Musik allein erhellt ihre getrübten Züge. Es ist geradezu unglaublich, welch tiefen Sinn die niederen Stände Böhmens in die Musik legen. Sofort hellt sich der düstere Ausdruck ihrer Mienen auf, ihre Augen erglänzen, werden feurig und voller Empfindsamkeit, so daß die ganze Person ein anderes Aussehen annimmt. Nichts vermag die Würde und Harmonie ihrer Kirchenmusik zu übertreffen. In Raudnitz wurden wir durch Orgelklänge und Gesang zum Eintritt in eine Dorfkirche bewogen. Die getragenen Töne der Musik und der Ausdruck frommer Sammlung auf den Gesichtern der Gemeinde gaben ein unbeschreiblich bewegendes Bild. Der melancholische Anflug in ihrer Musik, die so sichtbar zur Schau gestellte Traurigkeit in den Mienen der Sänger, verlieh dem Ganzen einen eigenartigen, schwer zu beschreibenden Charakter.

Die slawischen Nationen, die Russen, Polen und Böhmen, sind ja aufgrund ihrer musikalischen Begabung allseits berühmt, besonders nach der ernsten und romantischen Richtung hin. Kaum ein Volk ist außerdem so empfänglich für das Wunderbare und Sagenhafte wie die Böhmen. Ohne dem Aberglauben besonders ergeben zu sein, hängen sie mit fester Überzeugung an den überlieferten Heldentaten ihrer Vorfahren. Sie kennen die Geschichte ihrer ersten Herzoge, des Krok[14], seiner drei Töchter und der Dynastie der Přemysliden. Auf der Straße von Teplitz nach Prag wird dem Reisenden ein steiler, einsamer Berg gezeigt, in dessen Schoße einer ihrer ersten Herzoge mit 500 seiner Krieger im tiefen Schlaf wartet, bis ein Donnerschlag ihn aufweckt. Dann öffnen sich die Tore seines Gefängnisses, und die reisige Schar befreit das Land vom Joch der fremden Eindringlinge, die sie *hiemezy* nennen. Die böhmischen Sagen wissen auch von Amazonen zu berichten, und in der

Nähe von Prag liegt eine Schloßruine, welche einst der Sitz dieser Kriegerinnen gewesen sein soll. Was aber am meisten ihre Begeisterung entflammt, ist ihr König Karl IV., der Sohn des in der Schlacht von Crézy gefallenen Königs Johann. Die Taten und Worte dieses hervorragenden Fürsten sind fast keinem böhmischen Bauern unbekannt. Dagegen würde man die zweieinhalb Millionen Böhmen vergeblich darnach fragen, wie der Vater des jetzigen Kaisers geheißen hat! Dies ist um so bemerkenswerter, als die österreichischen Monarchen seit dem böhmischen Aufstand des Jahres 1618 so ziemlich nichts unterlassen haben, diesem Volke jeden nationalen Geist zu rauben. Seine historischen und dichterischen Schriftwerke, welche wichtige Zeugnisse gewesen wären, wurden von den Jesuiten nicht nur verbrannt, sondern jeder Versuch, eine unparteiische Geschichte Böhmens zu schreiben, wurde so hart bestraft, daß selbst der Kühnste davor zurückschreckte, sein Leben aufs Spiel zu setzen oder in einem österreichischen Kerker dahinzusiechen.[15] Man erzählt selbst von einem Fürsten aus dem Hause Lobkowitz, Bohuslaw, der in einem österreichischen Kerker gestorben ist, weil er es versucht hatte, seine Landsleute aufzuklären! Auch in Böhmen herrscht, wie in allen katholischen Ländern, einiger Aberglaube, und Tausende von Heiligenstatuen und -bildern schmücken Häuser, Fluren und Straßen. Mit Ausnahme der Gottesmutter stellen alle diese frommen Bildwerke freilich nur nationale böhmische Heilige dar; einem fremden Heiligen würde keine Aufmerksamkeit geschenkt werden. Mit Erstaunen sah ich in Prag eine große Volksmenge den Reliquienschrein des heiligen Nepomuk anbeten. Man sagte mir, daß dies die einzige übriggebliebene Erinnerung an die nationale Selbständigkeit der Böhmen wäre und daß die Verehrung dieses Schutzpatrons gleichzeitig auch den alten, ruhmreichen böhmischen Königen gelte. Die Böhmen fühlen sich seit langer Zeit als Unterdrückte, und sie fühlen dies in der Gegenwart nur noch tiefer. Der Böhme ist mehr fanatisch als fromm oder abergläubisch: seine Priester haben weniger Einfluß als in anderen katholischen, nicht höher kultivierten Ländern. Böhmen war mit

Klöstern und Mönchen aller Art übersät, die Ferdinand II. ins Land gebracht hatte, um das Volk wirkungsvoller zu unterwerfen. Erst Joseph II. hat hier einen Wandel herbeigeführt. Das mißtrauische Gemüt des Volkes sieht aber in den Priestern nur Diener der Regierung, und, wenn auch die Anhänger des Johannes Hus und des Hieronymus von Prag mit Feuer und Schwert ausgerottet wurden und noch jetzt dem Auspeitschen unterzogen werden, so sind diese Sektierer heute noch unter der Maske von Lutheranern ziemlich zahlreich anzutreffen.

Drittes Kapitel

Prag. – Der böhmische Landtag. – Böhmischer Adel. – Haustheater des Grafen Clam-Gallas. Musikalisches Konversatorium, Stätten der Wissenschaft und Kunst, das böhmische Museum. – Die Universität. – Erziehungssystem im österreichischen Kaiserstaat. – Seine Folgen. – Geheimpolizei.

Der Anblick Prags ist für den von Teplitz Kommenden sehr eindrucksvoll. Man fährt durch ein Tal, das sich auf fünf Meilen ausbreitet und wie ein Amphitheater gegen Westen ansteigt. Auf ihm steht das königliche Schloß, ein kolossaler Bau, der schon auf eine Entfernung von zehn Meilen sichtbar ist und der die Stadt ihrer Breite nach durchzieht. Die Einfahrt in die Hauptstadt führt zuerst durch einen ziemlich ärmlichen Vorort und durch ein fast verfallenes Tor. Dann folgt eine Straße mit übelriechenden Garküchen, und man kommt zu einem gotischen Turm, welcher den alten Stadtkern von der unter Karl IV. erbauten *Neustadt* trennt. Vor diesem Turm zweigen zwei Straßen ab, die zwischen 150 und 200 Fuß breit sind. Dieser Teil ist so ziemlich der regelmäßigste von Prag; er besteht größtenteils aus Palästen und einigen Gasthöfen, darunter dem vornehmen „Zum schwarzen Roß". In diesem Hotel pflegen reiche Fremde abzusteigen. Zur Besichtigung der Stadt bedient man sich eines Lohndieners des Hotels, der meist auch ein Spitzel ist.

Durch den erwähnten Turm gelangt man in eine Straße, deren Unregelmäßigkeit aus dem 12. Jahrhundert, deren Baulichkeiten aus dem 16. Jahrhundert stammen: sie führt zum großen Marktplatz der Altstadt mit dem Rathaus. Vor diesem ehrwürdigen Bau aus dem 13. Jahrhundert fielen wegen mißlungener Verschwörung gegen das Haus Habsburg zahllose Häupter hervorragender Böhmen durch die Hand des Scharfrichters. Das stattliche und altertümliche Aussehen der Häuser und besonders der gotischen Teinkirche mit ihren 200 Fuß hohen Türmen verdient besondere Beachtung. Einer dieser Türme hat durch einen Blitzschlag sein mit Türmchen besetztes Schieferdach verloren, das später durch eine schlichte Bedachung ersetzt worden ist. Der Kirche sind Häuser vorgebaut, welche man durchschreiten muß, um in das Innere des Gotteshauses zu gelangen. Es birgt unter anderem das Grabmal des Tycho de Brahe und erinnert sehr stark an Notre-Dame in Paris. Durch ein Labyrinth von winkeligen, engen Straßen, welche bekunden, daß der Gründer Prags, der Herzog Přzemysl, ein mathematisch nicht geschulter Geist war, kommt man zu dem Palaste des Grafen Clam-Gallas, dem schönsten adeligen Hause Prags, erbaut nach einem Entwurf Michelangelos. Der architektonische Plan des Hauptgebäudes mit seinen zwei Flügeltrakten und die Skulpturen sind hervorragend aufeinander abgestimmt. Vier balkontragende Karyatiden bewachen den Eingang, und hervorragende Statuen zieren die Gesimse. Eine sehr verwinkelte Gasse führt dann zum früheren Jesuitenkollegium, welches nicht weniger als zwei große Kirchen und fünf Kapellen umschließt. Unter einem zweiten schönen Turm hindurch, den im Jahr 1648 die Prager Studenten siegreich gegen die Schweden verteidigten, erreicht man die berühmte Moldaubrücke, welche durch achtundzwanzig schlechte Standbilder entstellt wird. Jenseits des Flusses durchschreitet man einen dritten gotischen Doppelturm und betritt die sogenannte „Kleinseite", auf deren Hauptplatz sich ein zweites Jesuitenkollegium erhebt, nicht viel kleiner als das in der Altstadt. Darin befinden sich jetzt das Appellationsgericht, der adelige Gerichtshof und einige Amtsgebäude. Eine Reihe von prachtvollen Palästen umgrenzt diesen Platz, der knapp neben dem kaiserlichen Schloß liegt, welches einen Mittelbau und zwei ungeheure Flügel umfaßt. Sein Südflügel läuft entlang der die ganze Stadt beherrschenden Erhebung und bildet eine Gerade mit dem adeligen Damenstift und dem Palaste des Fürsten von Lobkowitz. Die Hauptfront des Hradschins blickt gegen Westen. Drei Tore, von den Wappen Österreichs und Böhmens überhöht, führen in das Innere des Palastes. Über eine doppelte Freitreppe und durch mehrere Vorräume betritt man den Audienzsaal. Die Räume sind erhaben und mit Bildern flämischer Maler ausgestattet; von einem riesigen Staatssofa mit damastroten Kissen und ebensolchem Bezug abgesehen, fehlt jegliches Mobiliar.

Wir besuchten das Schloß am 15. August, an welchem im sogenannten *böhmischen Saal* die Stände des Königreiches Böhmen ihre
Versammlungen abhielten. Prager Bürgergarde hielt in den Zu-
fahrtsalleen und in den Gängen Wache. Der Ständesaal ist ein vier-
eckiger Raum mit zwei Eingängen. Diesen gegenüber befindet sich
eine Tribüne mit einem Thronsessel und einem Baldachin für den
Vorsitzenden. Der gegenwärtige Präsident des Landtages, Graf
Chotek, Oberstburggraf von Böhmen, ist nur Graf, deshalb war der
Thronhimmel an der Wand emporgezogen. Wäre der Oberstburggraf Fürst, so hätte er unter dem Baldachin Platz nehmen dürfen. Beim Erscheinen der kaiserlichen Kommissäre erhebt sich die
ganze Versammlung, um sich erst nach der Begrüßung durch den
Oberstburggrafen wieder niederzulassen. Zur Rechten des Vorsit-
zenden erblickt man den Fürsterzbischof von Prag und Primas von
Böhmen im großen Ornat, reich geschmückt mit Insignien; neben
ihm drei Bischöfe und die Äbte der böhmischen Stifte in schwarz-
en und weißen Talaren, mit goldenen Brustkreuzen und Spangen.
Die sogenannte Herrenbank dem Präsidenten gegenüber wird vom
Hochadel eingenommen, der in roten, üppig mit Silber gestickten
Fräcken, silbernen Epauletten, weißen Kniehosen, ebensolchen
Seidenstrümpfen und mit silberverbrämten Dreispitzen gekleidet
ist. Die meisten dieser Adeligen tragen den goldenen Kammerherrenschlüssel. Die Ritterschaft nimmt die Bänke zur Linken ein
und prunkt im gleichen Festkleid wie der Hochadel. Die Vertreter
der Städte sind schwarz gekleidet. Zuerst begrüßt der Oberstburggraf den Fürsterzbischof und die geistlichen Herren auf böhmisch, sodann die weltlichen Hochadligen, darauf den Ritterstand
und zuletzt die städtischen Abgesandten.

Nach der Begrüßung verliest einer der Sekretäre die kaiserliche
Botschaft mit den Postulaten, das heißt den für das nächste Jahr zu
bewilligenden Steuern. Das kaiserliche Sendschreiben wird in völ-
liger Stille entgegengenommen. Schließlich fragt der Oberstburggraf die Versammlung, ob irgendeiner der Anwesenden Anträge
zum Wohl des Königreiches einzubringen habe. Tiefes Schweigen

bestimmt den gesamten Ablauf; der Oberstburggraf dankt den Anwesenden im Namen Seines Allerhöchsten Herrn für die Pünktlichkeit in der Erfüllung ihrer Pflichten und schließt die Versammlung.

Dieses leere Schauspiel ist alles, was von der Verfassung, die Böhmen mehr als dreihundert Jahre lang besessen hatte, weiter besteht; die Formen sind geblieben, aber ihr Geist ist entschwunden. Die Landstände werden gewöhnlich zweimal im Jahr zu einer ordentlichen und einer außerordentlichen Tagung einberufen. Zu beiden ergeht die Einladung an die verschiedenen Stände und ihre Vertreter. Den ersten oder Prälatenstand bilden die Erzbischöfe und Bischöfe des Landes, zum zweiten, dem Herrenstand, gehören die Großgrundbesitzer, ungefähr hundert an der Zahl, die kleinen Grundbesitzer bilden den Ritterstand, und die Vertreter der vier Städte Prag, Budweis, Pilsen und Königgrätz[16] sind der vierte oder Bürgerstand, dessen Mitglieder Grundbesitz erwerben dürfen, und ihre Bürgermeister oder Gemeinderäte in die Landstube entsenden. Die kaiserlichen Kommissäre, dem Hochadel entnommen, fahren zu den Satzungen des Landtages in sechsspännigen Staatskarossen. Die gesamte Tätigkeit der böhmischen Stände beschränkt sich eigentlich bloß auf die Steuerbewilligung und eine gewisse Gerichtsbarkeit, welche ein aus den vier Ständen gewählter und vom Kaiser bestätigter achtgliedriger Landesausschuß ausübt. Die österreichischen Herrscher haben es für notwendig befunden, auf diese Weise die Gefühle einer Aristokratie und einer Nation zu schonen, die noch der Idee der alten Freiheit oder eigentlich ihrer früheren staatlichen Eigenständigkeit nachhängen.

Die Gerechtigkeit gebietet es anzuerkennen, daß sich seit der Regierung des Kaisers Joseph II. die Lage der böhmischen Bauern bedeutend gebessert hat. Vorher befand sich in den Händen des Adels alle Macht, deren Ausmaß am besten nach den eigenartigen Vorrechten beurteilt werden mag, die er besaß. Unter anderem übte der Grundherr das Herrenrecht aus. Jeder neuvermählte Bauer hatte zuvor seine Braut zu einer bestimmten Zeit bei ihm abzugeben und sie am darauffolgenden Morgen wieder heimzuführen. Dennoch fühlt sich der böhmische Bauer für die jetzt eingetretene Verbesserung seiner Lage der Regierung gegenüber nur zu wenig Dank verpflichtet, hat sie ihn ja des staatlichen Eigenlebens beraubt. In dieser Hinsicht ist der Unterschied zwischen den Böhmen und den Deutschen ein gewaltiger. Die letzteren nehmen, mit Ausnahme einiger Advokaten und Politiker, an den Verhandlungen des Landtages nicht den geringsten Anteil und betrachten sie als das, was sie jetzt wirklich sind, als einen Mißstand. Die Böhmen dagegen fragen immer mit einer Neugierde, die an Angst grenzt, „was wurde denn auf den Landtagen beschlossen". Aber immer vernehmen sie betrübt, daß bloß neue Abgaben von ihnen verlangt werden.

Wie mächtig nationale Gefühle sind, kann man aus dem Gegensatz erkennen, der zwischen den Böhmen, Polen und selbst den Ungarn besteht. Ihre Blicke sprechen Bände. Man braucht nur den Namen eines freien Volkes auszusprechen, und ihre Züge verfinstern sich; ja die Böhmen knirschen sogar mit den Zähnen, wenn man die englische Freiheit zu preisen beginnt. Dagegen erfüllt es sie mit unaussprechlicher Trauer, wenn die Rede auf ihr Land kommt, auf die Schlachten, die sie für eine fremde Sache haben schlagen müssen, die Heere, für welche sie Rekruten stellen und die Kosten tragen, und die eigentlich ihrer eigenen Unterdrückung dienen. Sie empfinden es schmerzlichst, für eine Herrscherfamilie dazusein, die ihnen und ihren Interessen trotz jahrhundertelangen Regimentes fremd geblieben und in ihrer Unfähigkeit nur darauf bedacht ist, Böhmen unterworfen zu halten und seine nationalen Ressourcen verkümmern zu lassen. Ein intuitives Nationalgefühl sowie ein Haß gegen Fremdes, besonders gegen das Deutsche, ist allen slawischen Nationen eigen.

Die österreichischen Polen anerkennen gerne, daß ihre Lage weit besser ist als die ihrer Brüder unter der Herrschaft Rußlands. Aber das Bewußtsein, von Fremden beherrscht zu sein, genügt bereits, um den Geist der Auflehnung in ihnen wachzuhalten. Deshalb richtete sich im Jahr 1809 ihr Aufstand auch gegen Österreich, weil sie sogar die tyrannischere russische Herrschaft der österreichischen vorzogen. Nach beendeter Landtagssitzung besichtigten wir den Ständesaal, jenen Raum, aus dessen Fenstern im Jahre 1618 die kaiserlichen Statthalter, die Grafen Slavata und Martinitz, von Anhängern des Kurfürsten Friedrich von der Pfalz, des Winterkönigs, in den Schloßgraben geworfen wurden. Diese energische Art, ihren Patriotismus hervorzukehren, verfehlte jedoch ihren Zweck; die kaiserlichen Kommissäre blieben durch den Sturz auf einen Misthaufen vor dem Ärgsten bewahrt und konnten, ohne sich das Genick zu brechen, die Flucht ergreifen.

Inmitten der kaiserlichen Burg erhebt sich der Veitsdom, den wir von einem Hof aus betraten. Seine Ausmaße sind bescheiden, aber die Verzierungen sind sehr prachtvoll. Seine Säulen, Wölbungen und Bildwerke übertreffen an Schönheit viele andere gotische Bauten, so daß man hier so recht eine Vorstellung von der alten Kunst Böhmens in jener Zeit empfängt, als es noch seine eigenen Könige besaß. Der Veitsdom ist nicht die schönste, aber sicher die anmutigste gotische Kirche auf dem europäischen Festland, deren Bau unter Karl IV. begonnen und beendet wurde. Er und seine Gemahlin Anna sind in der Nähe der Dompforte bestattet. Zwei Marmorstatuen, das Herrscherpaar im vollen königlichen Schmuck darstellend, liegen auf der Grabplatte, und zu ihren Füßen reckt sich der zweigeschwänzte böhmische Löwe empor. Im Veitsdom ruhen auch die Kaiser Rudolf und Matthias, die zwei letzten Herrscher von Böhmen, die in Prag residierten. Im rechten Seitenschiff ist das Grabmal des heiligen Johann von Nepomuk, des Beichtvaters der Gemahlin des Wenzeslaus des Grausamen, des Sohnes Karls IV. Dieser eifersüchtige Monarch befahl im Rausch, den Priester Johannes in die Moldau zu werfen, da er sich standhaft weigerte, das Beichtgeheimnis der Königin preiszugeben. Dafür wurde er heiliggesprochen, und seine Zunge wird heute noch den Gläubigen gezeigt. Sie hat sich, den mehr als dreihundert seither vergangenen Jahren zum Trotz, frisch erhalten. Das Grabmal des böhmischen Landespatrons ist aus Silber und Gold, das einen Wert von wohl 4000 Pfund Sterling aufweist. Als sich einst unter der Bevölkerung die Kunde verbreitete, daß dieser Schatz vom Staate eingezogen werden sollte, verließen Tausende von Böhmen ihre Heimstätten, um von diesem nationalen Heiligtum Abschied zu nehmen. Die drohende und trotzige Haltung der Pilger rettete den Kirchenschatz, denn die kaiserliche Regierung hielt es für klüger, die Gefühle eines unterdrückten Volkes zu schonen und den Plan aufzugeben. Auf der gleichen Seite der Kirche befindet sich weiters das kaiserliche Oratorium und die Kapelle des heiligen Wenzeslaus, des ersten christlichen Böhmenherzogs, der die Taufe mit seinem Leben bezahlte. Er wurde von seinem Bruder Boleslaus über Anstiften seiner Mutter Drahomira ermordet.

Den Platz vor dem kaiserlichen Schloß säumen mehrere prunkvolle Paläste wie die des Herzogs von Reichstadt und des Fürsterzbischofs. Der erste beherbergte während des Prager Kongresses den Zaren Alexander, der zweite den König von Preußen.

Der Blick vom Hradschin auf die große Stadt mit ihren zahllosen Kirchen, Türmen und Palästen und der altertümlichen Brücke über den mächtigen Fluß mit seinen schönen Inseln und Parkanlagen ist prachtvoll. Prag ist das getreue Ebenbild einer einstmals mächtigen Priesterstadt und eines immer noch reichen Adels, die beide gegen den Verfall ihrer Macht und ihres Landes ankämpfen. Böhmen zählt ungefähr vierzig alte und bedeutende adelige Familien, denen fast zwei Drittel des Grundbesitzes einschließlich der darauf lebenden Bauern gehören. Die hervorragendsten Adelsfamilien sind die Fürsten von Lobkowitz, Schwarzenberg, Kinsky, die Grafen Clam-Martinitz, Harrach, Schlick, Chotek, Wrbna, Kolowrat, Czernin, Waldstein, Wrtby, Sternberg und Nostiz. Dagegen zählen die Liechtenstein, Dietrichstein, Colloredo-Mansfeld, Auersperg, Windischgrätz, Clary, Salm und Thun trotz ihrer großen böhmischen Besitztümer zu den deutschen Familien. Diese kamen zu ihren Gütern meist durch Schenkungen der österreichischen Kaiser, die auf diese Weise den trotzigen Sinn des böhmi-

51

schen Adels zu brechen suchten und mit ihren Bestrebungen auch Erfolg hatten.

Die böhmischen Adligen nahmen lebhaften Anteil an dem unglücklichen Krieg von 1809. Sie stellten aus ihren Untertanen Truppenkörper auf, rüsteten sie aus und führten sie selbst ins Feld. Die großen Summen, welche diese Kriegsleistungen verschlangen, die weiteren Feldzüge von 1813 und 1814 und deren Lasten sowie die natürlichen Folgen schlechter Finanzwirtschaft eines verschwenderischen Kanzlers, die Kosten der Geheimpolizei und ihre eigene vornehme Lebensführung drücken hart auf die böhmische Aristokratie.

Böhmen ist zweifellos die meist unterdrückte und wenigst geförderte Provinz in Österreich. Obwohl Böhmen und Mähren nicht mehr als fünf Millionen Einwohner zählen, ein Sechstel der Seelenzahl des ganzen Reiches, müssen diese zwei Provinzen nicht weniger als ein Drittel der gesamten Staatsausgaben tragen und mehr Truppen stellen, als das Königreich Ungarn mit seinen zehn Millionen Einwohnern.[17] Was die Verdrossenheit der Böhmen weiter steigert, ist die Gleichgültigkeit, mit der ihre Interessen behandelt werden. Der wichtigste Fluß des Landes, die Elbe, durchströmt den schönsten Teil des Königreiches, und man hoffte, daß auf diesem Weg die Ausfuhr der eigenen Produkte über Hamburg sich vollziehen würde. Der Schiffahrtsvertrag jedoch, der von einem Günstling Metternichs, dem nunmehrigen Vorsitzenden im Deutschen Bundestage, abgeschlossen wurde, beweist deutlich, daß er von der Idee geprägt ist, eine zu innige Berührung Böhmens mit Deutschland zu verhindern. Deswegen werden Metternich und sein System vom nationalen böhmischen Adel scheelen Auges betrachtet und er stößt hier auf stillen Widerstand.

Am Tag nach unserer Ankunft bot sich die Gelegenheit, das Haustheater des Grafen Clam-Gallas zu besuchen, der ob seiner patriotischen Gefühle und seiner steten Bemühungen, dem despotischen Druck entgegenzuwirken, höchsten Lobes würdig ist. Wir sahen die *Maria Stuart* von Schiller. Die Darstellung der Königin

Elisabeth durch Gräfin Schlick war hervorragend; selbst Mrs. Siddons[18] hätte dieser Dilettantin ihren Beifall für die unvergleichliche Kunst, mit welcher sie diese egoistische, stolze aber große Frau spielte, nicht versagen können. Dieser Abend war aber nur ein schwaches Vorspiel für den *Tasso* von Goethe, diesem unnachahmlichen Gemälde des höfischen Lebens, der eine Woche später zur Aufführung gelangte. Es ist nahezu unmöglich, die Grenzlinie zwischen Menschen schärfer zu ziehen, die Qualen einer Liebe, welche durch höfische Rücksichten und fürstliche Überheblichkeit gekränkt wird, besser darzustellen, als dies dem Fürsten Thurn und Taxis und dem Grafen Thun gelang. Diese Herren bewegten sich sozusagen in ihrem eigenen Kreise, und ihre Darstellung war voll und ganz natürlich. Es wirkt natürlich befremdlich, Aristokraten die Bretter im Kothurn beschreiten zu sehen, aber sie sind dazu förmlich gezwungen. Obwohl das Prager Theater auf Kosten des Adels gebaut wurde und auch von ihm gefördert wird, läßt die Regierung die Werke Schillers und Goethes, selbst wenn sie bereits in Wien aufgeführt worden waren, in Prag nicht nur in der sonst üblichen Weise verstümmeln, sondern überhaupt verbieten, denn die Böhmen genießen offenbar weniger Vertrauen als die übrigen Österreicher. Sie werden also in diesem privaten Theater gegeben, in Vorstellungen, zu denen übrigens nur Standesgenossen des Hausherrn oder eingeführte fremde Gäste zugelassen sind.

Ist die Prager Oper nur mittelmäßig, so ist ihr Orchester dagegen unübertrefflich; die Böhmen haben ja eine außerordentliche Empfindsamkeit für Instrumentalmusik und spielen sie *con amore*. Als Mozart sein Meisterwerk, den „Don Giovanni", vollendet hatte, eilte er nach Prag, um sein Werk einem Publikum vorzuführen, welches – wie er sagte – allein fähig wäre, seine Schöpfung richtig zu erfassen. Die Oper wurde an drei aufeinanderfolgenden Abenden unter großem Beifall aufgeführt, in Wien dagegen wurde sie nur kühl aufgenommen. Kaiser Joseph wohnte der ersten Wiener Aufführung bei und ließ ihn zu sich kommen: „Mozart", so der Kaiser, „ihre Musik wäre ja sehr schön, aber es sind zu viel Noten darin."

Darauf erwiderte der gekränkte Meister: „Gerade so viele als nötig sind".

Im Wissen um die musikalische Begabung des Volkes hat der böhmische Adel in Prag eine Schule eingerichtet, die nicht nur erstklassige Virtuosen für die Hausorchester der Aristokratie heranbildet, sondern so Vortreffliches leistet, daß ganz Europa dieser Anstalt seine Dankbarkeit zeigen sollte. Zwölf vom Adel bezahlte Lehrer unterrichten hier sechzig Schüler, darunter zwanzig Mädchen, in den verschiedenen Zweigen der instrumentalen und vokalen Musik. Unter den großen, diesem Konservatorium entsprossenen Künstlern sei nur Henriette Sontag erwähnt.

Die Technische Akademie, ebenfalls vom böhmischen Adel gestiftet und ausschließlich von ihm unterhalten, steht unter der Leitung des Ritters von Gerstner, einer anerkannten wissenschaftlichen Größe. Gerstner hat in Böhmen mehrere bedeutende Eisenwerke, die Straße nach Karlsbad und andere Bauten errichtet; unter seiner Leitung werden hundertfünfzig Schüler von vier Professoren in allen Zweigen der Mathematik unterrichtet.

Das Prager Museum besitzt eine reiche Sammlung von böhmischen und slowakischen Altertümern; sein interessantester Raum ist wohl der, in dem die Werke der alten böhmischen Literatur ausgestellt sind. Böhmen besaß im vierzehnten Jahrhundert Geschichtsschreiber, Rechtslehrer und Dichter, über die heute wenig oder gar nichts bekannt ist, in deren Werken aber Wichtiges über diese ganz vergessenen Zeiten zu finden wäre. Doch diese Schätze dürfen nicht durchforscht werden. Ihre Veröffentlichung ist verboten, und da sie überdies in der böhmischen Sprache verfaßt sind, müssen sie als schlummernde Kleinodien betrachtet werden. Unter den böhmischen Malern sind besonders Raphael Mengs, Skreta und Brandel zu nennen. Ein Erlöser- und ein Josephsgemälde von Skreta sind aufgrund ihrer Kolorierung und Ausdruckskraft besonders hervorzuheben. Ferner gibt es einen Heiland von Brandt, der mit dem Finger gemalt worden ist. Aus der Nähe betrachtet scheint das Bild eine chaotische Farbanordnung zu sein, ähnlich kindlichen

Farbklecksereien. Aus einer Entfernung von sechs Fuß verschmelzen diese jedoch zu den göttlichsten und vorzüglichsten Darstellungen unseres Heilands. Das Prager Museum enthält zahlreiche Werke dieser Meister. Die Freigiebigkeit, mit welcher der böhmische Adel das Museum, dieses Denkmal nationaler Künste und Wissenschaften, ins Leben gerufen hat, und aus seinen eigenen Galerien, Waffenkammern und Bibliotheken bereichert, beweist, daß den böhmischen Aristokraten Nationalgefühl nicht fehlt. Seit der Gründung des Instituts im Jahre 1818 hat man dort mit erheblichem Kostenaufwand die Überreste der vergangenen Größe Böhmens aus allen Ecken Europas, aus Schweden wie aus Rußland, zusammengetragen. Wenn derzeit viele dieser Kostbarkeiten ungenützt bleiben müssen, so scheint man in Prag doch auf eine günstigere Zeit für ihre Wiedererweckung zu hoffen.

Die Prager Universität, welche zur Zeit Karls IV. und seiner Nachfolger 30.000 Hörer gezählt haben soll, wird jetzt nur mehr von 1000 Studenten besucht.[19] Diese werden gemäß jenen Vorstellungen erzogen, die Kaiser Franz I. den Professoren bei seiner Anwesenheit im Jahre 1820 kundgetan hat: „Ich will, daß meine Untertanen alles lernen, was ihnen im Leben nützlich sein kann und sie dazu führt, meiner Person und dem Glauben treu anzuhängen. Ich kann aber keine Professoren brauchen, welche die Köpfe meiner Studenten mit dem Unsinn anfüllen, der heute so vielen jungen Leuten den Kopf verdreht." Die einzige Wissenschaft, die unbehindert betrieben werden darf, ist die Medizin. Die anderen Fakultäten erhielten im Jahre 1822 einen Lehrplan, welcher jedes freie Studium zu Lebzeiten des Kaisers unmöglich machte. Unter den Lehrern der Universität genoß der Philosoph Bolzano allgemein größtes Ansehen.[20] Einige seiner Werke zeigen ihn als einen sehr liberalen und hervorragenden Denker. Dieser akademische Lehrer wurde plötzlich verhaftet, nach Konfiskation seiner Schriften wegen Irrlehre angeklagt und vor ein geistliches Gericht unter dem Vorsitz des Fürsterzbischofs gestellt. Der arme Erzbischof, ein gütiger, allgemein beliebter, alter Herr, geriet über die

Aufgabe, das dogmatische Verfahren zu leiten, in nicht geringe Verlegenheit, wie wahrscheinlich auch der Papst mit all seiner Unfehlbarkeit in diesem Labyrinth von Unsinn sich nicht zurechtgefunden hätte. Es gelang dem Fürsterzbischof, wenigstens die Anklage auf Irrlehre zu entkräften, aber alle seine Bemühungen, vereint mit denen des Adels, dem verdienten Professor wieder zu seiner Lehrkanzel zu verhelfen, blieben erfolglos. „Verschonen Sie mich", sagte der Kaiser, als die Fürstin L ... y sich in der gleichen Sache verwendete, „der Bolzano hat überspannte, gefährliche Ideen."

Einer der Schüler dieses verfolgten Lehrers, der es bis zum Direktor des Priesterseminars in Leitmeritz gebracht hatte, ging noch weiter und wagte in seiner Vorlesung die Behauptung, daß Glaubenslehren, welche dem gesunden Menschenverstand zuwiderliefen, unmöglich auf göttlichen Geboten beruhen könnten. Diese kühne Sprache fand Widerhall in Wien, und einige Wochen später traf von dort der Beichtvater des Kaisers, Pater Frint, mit zwei Kommissaren in Leitmeritz ein, verhaftete den Priester und führte ihn unter Bewachung nach Wien, wo er im Jesuitenkloster interniert wurde. Der Bischof von Leitmeritz aber, unter dessen Augen sich diese Höchstleistungen von Unglauben ereignet hatten, wurde seines Amtes enthoben und in ein Kapuzinerkloster gesteckt. Diese drei Beispiele haben Wirkung gezeigt und den Geist der böhmischen Literaten in die vorgeschriebene Bahn, in der er sich nun träge dahinbewegt, geleitet.

Da das Studiensystem im ganzen österreichischen Kaiserstaat das gleiche ist, mag es hilfreich sein, es hier kurz zu schildern. Böhmen besitzt außer der Universität drei Lyzeen und fünfundzwanzig Gymnasien oder lateinische Schulen. Die Universität leitet ein *Rector Magnificus*; dieser Titel ist aber eine leere Würde, die alljährlich durch Wahl verliehen wird. Unter dem Rektor stehen vier Dekane; die der theologischen und philosophischen Fakultät sind geistlichen Standes ebenso wie die Direktoren der Lyzeen und Gymnasien. Die Leitung der Volksschulen obliegt ebenfalls einem Geistlichen; die Studienaufsicht führt ein Rat der Landesregierung, der Bericht zu legen hat.[21] Privatunterricht ist verboten. Nach Zurücklegung der Volksschule gelangt das Kind ins Gymnasium, an welchem vier Jahre Lateinisch der Unterstufe und Religion gelehrt wird. In den zwei oberen Jahrgängen werden Auszüge aus den lateinischen Klassikern gelesen und die Grundzüge des Griechischen vorgetragen. Je zwei Stunden wöchentlich sind der Religion, Mathematik, Geographie und Geschichte gewidmet. Jedes Gymnasium hat einen Präfekten, sechs Professoren und einen Religionslehrer. Nach sechsjährigem Gymnasialstudium stehen dem Studenten die sogenannten Philosophiekurse offen, die weder Lehr- noch Lernfreiheit besitzen. Im ersten Jahr wird Philosophie, Religion, Geschichte, Mathematik und Griechisch gelehrt. Im zweiten Jahr besteht derselbe Lehrplan, nur treten Physik und Astronomie an Stelle der Mathematik. Im dritten Jahre folgt deutsche Reichsgeschichte und Ästhetik. Die Studenten haben keine Freiheit der Auswahl, die Professoren und Repititoren sind gezwungen, denselben Lehrplan fortzuführen.

Nach diesen drei Jahren muß das Fachstudium erwählt werden. Für Theologen, Philosophen und Juristen dauert dieses vier, für Mediziner fünf Jahre. Die gesamte Studienzeit beträgt somit dreizehn, für Ärzte vierzehn Jahre. Mit Ausnahme der medizinischen werden die Lehrbücher aller Studienzweige in Wien von der Studienhofkommission zusammengestellt. Sie erfahren kaum Veränderungen bis auf jene, welche ein neuer Hofrat nach seinen eigenen Anschauungen oder denen des Kaisers daran vornimmt. Diese Studienunterlagen sind die kläglichsten und dümmsten, welche jemals eine Druckerpresse verlassen haben. Die Professoren sind verpflichtet, sich streng an diese Lehrbehelfe zu halten; andernfalls riskieren sie ihre Stelle.

Zu Ostern und zu Ende August finden die Halbjahresprüfungen statt, die das Aufsteigen in die nächsthöhere Klasse regeln. Schlechte Schüler werden so lange zurückgehalten, bis sie ihre Kenntnisse durch Auswendigsagen des Lehrstoffes nachweisen können. Ein junger Mensch, der einen dieser Studiengänge hinter sich hat, weiß wenig von allem und im Grunde nichts. Er vergißt gewöhnlich im folgenden Jahr, was er im vorigen auswendig gelernt hat. Freies geistiges Arbeiten oder Forschen ist vollständig unmöglich, ja es ist den Professoren sogar verboten. Während seiner Studien wird der Student schärfstens überwacht. Seine Professoren sind von Amts wegen Spione. Der Religionslehrer muß den Schülern sechsmal im Jahre die Beichte abnehmen! Die Neigungen, die guten und schlechten Eigenschaften, kurzum, alles wird beobachtet und in Katalogen verzeichnet, von denen eine Abschrift an die k. k. Studienhofkommission nach Wien, die zweite an das Gubernium gesendet wird, während das dritte Exemplar in den Schularchiven bleibt. Diese scharfe Überwachung nimmt in den höheren Jahrgängen zu. Besonders genau wird die Lektüre der Studenten kontrolliert. Auch prüft man ihn auf seine Auffassung von den Klassikern und erforscht seine Ansichten über Charaktere wie Brutus oder Cato. Jede seiner Äußerungen wird genau festgehalten. Wird das Studium der Rechtswissenschaften gewählt, so ist die Aufmerksamkeit noch größer und die Ansichten des Studierenden über die Naturrechte und Regierungsformen werden ihm unter allen möglichen Vorwänden entlockt.

Nach Abschluß der Studien befindet sich der Akademiker, gleich ob Jurist oder Theologe, vollständig in der Hand der Regierung. Seine Vergangenheit und sittliche Führung dienen als Maßstab für seine Laufbahn. Hat er jemals den geringsten Verdacht erregt, hat er eine Neigung zu liberalen Ideen erkennen lassen? Dann besteht umso weniger Aussicht auf den Staatsdienst oder auf die Advokatur, je stärker seine Talente entwickelt sind. Sollte er sich um eine unbesoldete Stelle bei der Regierung bemühen, werden die Vorgesetzten zu Tugendwächtern der Bewerber. Ein unbedachtes Wort genügt, nicht nur jedes Vorrücken unmöglich zu machen, es kostet auch die Stellung. Der Beamte kann bei seinen Höheren nicht auf Nachsicht oder Unterstützung rechnen, denn dies würde als Mitschuld gelten und im Wiederholungsfall jene selbst um ihre Stelle bringen.

In jedem Amte sitzen unter den Räten oder Kanzlisten meistens zwei Spione, welche mit dem Präsidenten der k. k. Obersten Polizei- und Zensurhofstelle in Wien oder mit dem Kaiser selbst in Verbindung stehen. Zwei Monate vor unserer Ankunft in Prag hatte in einer Sitzung unter dem Vorsitz des Oberstburggrafen von Böhmen der begabteste Beamte der Regierung seine Meinung über Einfuhrzölle geäußert. Er benützte diese Gelegenheit, um eine umfassende und klare Darstellung des Zollsystems zu geben und zu betonen, daß das gegenwärtige System nicht mit dem Stande der Manufakturen einhergehe. Er tat diese Äußerung zu einer Zeit, wo seine Ernennung zum Hofrat der k. k. Obersten Hofkammer in Wien nur mehr der Unterschrift des Kaisers bedurfte. Er war glänzend geeignet befunden worden, und seine Ernennung vom Staatsrat bereits genehmigt. Wie groß war die Enttäuschung des Beamten, als nach acht Tagen ein sehr viel jüngerer Mann auf ein Dekret des Kaisers hin die Stelle zugesprochen erhielt. Der Kaiser hatte eigenhändig auf dem zur Unterschrift vorgelegten Akt vermerkt, daß ein Beamter, der dem Zeitgeist mehr Aufmerksamkeit schenke als dem ausgesprochenen Willen seines Monarchen, nicht zum Hofrat tauge und daß Seine Majestät nicht Kritiker, sondern treue Diener wünsche.

Es gibt keinen Hofrat in der k. k. Obersten Justizstelle, der es wagen würde, seinen Kollegen von der k. k. Allgemeinen Hofkammer über dienstliche Dinge zu befragen. Dies gelte als ein ungehöriger Übergriff oder Eingriff in einen fremden Dienstbereich. Dabei kann aber ein unbefugter Fragesteller sehr leicht in ein Amt versetzt werden, um welches sich zu kümmern ihm vierzehn Tage vorher übel ausgelegt worden wäre. Als der Finanzminister Graf O'Donnel starb, kam Kaiser Franz nach Prag und suchte einen Nachfolger für dieses Amt. Er befahl den Oberstburggrafen Graf Wallis zu sich und sagte ihm: „Ich will Sie, lieber Graf, für Ihre treuen Dienste belohnen. O'Donnel ist gestorben, und ich habe Sie zu seinem Nachfolger bestimmt." – „Ich bitte Eure Majestät", antwortete der Graf, „allergnädigst bedenken zu wollen, daß ich vom

Finanzwesen gar nichts verstehe und mich auch darum nie gekümmert habe." – „Solche Leute möchte ich gerade, das macht gar nichts. Sie werden es schon lernen", antwortete der Kaiser. „Sie waren ein treuer Oberstburggraf und werden ein nicht weniger treuer Hofkammerpräsident sein." – Die Folgen waren so, wie man sie erwarten konnte: Der Staatsbankrott, der in der Finanzgeschichte etwa in der Form in Erinnerung bleiben sollte wie die Schlacht von Ulm in der Kriegsgeschichte, die in etwa die gleichen Ursachen hatte.

Diese Ausführungen legen wohl hinlänglich die klägliche Unwissenheit, Kriecherei und Beschränktheit der österreichischen Staatsbeamten und Offiziere bloß. Unter Tausenden von studierten Beamten lassen sich keine fünfzig finden, die über die finanzielle Lage des Kaiserreiches Auskunft geben können. Unter tausend österreichischen Hauptleuten gibt es wieder keine fünfzig, jene der Artillerie und der Pioniere ausgenommen, die auch nur eine leise Ahnung von Taktik besäßen. Die anderen werden Oberste, Generäle usw., allerdings nicht aufgrund ihrer militärischen Verdienste, sondern dem Dienstalter nach. Für die in ähnlicher Weise schwerfällig arbeitenden Zivilbeamten gilt die gleiche Regel. Sie werden mit dem Alter Hofräte, Staatsräte und Minister. Daher kommt es, daß arme Länder, wie Sachsen und Preußen, sich besser entwickeln, ihre Schulden zahlen, den Staatshaushalt in Ordnung bringen und Armeen, an Zahl weit geringer als die österreichische, erfolgreich kämpfen lassen können. Das Kaisertum Österreich hingegen verarmt trotz seiner ungeheuren Hilfsquellen von Tag zu Tag durch die Unfähigkeit seiner Finanzverwaltung. Aus demselben Grund, der gleichgültigen Idiotie der Befehlshaber, werden die kaiserlichen Heere geschlagen und gefangengenommen wie Viehherden.

Es gibt eine Reihe von Anzeichen, die den Kaiser veranlaßt haben, seine Aufmerksamkeit nicht nur auf die Beamten zu richten, die er weniger als öffentliche, denn als seine eigenen betrachtet, sondern die Bevölkerung allgemein ausspionieren zu lassen. In einem

Land, wo die niederen Stände unterwürfig und wenig gebildet sind, ist natürlich das Ehrgefühl nicht stark entwickelt, weshalb es der Polizei wenig Mühe bereitet, Diener zu Ausspähern ihrer Herrschaft zu machen. Für jede der Polizei hinterbrachte Meldung erhalten Dienstboten einen oder zwei Dukaten. Während meines Prager Aufenthaltes lud ein Kaufmann einige seiner Freunde zu einem Festessen. Dabei kam man auf die neue Staatsanleihe zu sprechen. Die Gäste äußerten ihre Meinung, die nicht gerade günstig war. Am nächsten Tag wurde der Kaufmann zur Polizei beschieden, um über die bei ihm geführten Gespräche Rechenschaft zu geben. Der Kaufmann verfocht sein Recht, über öffentliche Geldsachen sprechen zu dürfen, erhielt aber die Antwort, daß ihm dies nicht zustünde, da er kein Bankier sei. Falls er nochmals ungebührlich über die Staatsanleihe spräche, würde man ihn mit einer Verhaftung bestrafen!

Der Kaufmann kehrte heim und entläßt seine gesamte Dienerschaft, überzeugt, daß diese ihn denunziert habe. Daraufhin wird er neuerlich zur Polizei beschieden und über den Entlassungsgrund befragt. Er besteht darauf, in seinem Haus frei schalten zu dürfen. Der Polizeipräsident jedoch, ein Mann im Rang eines Obersts und Ordensritters, hat die Unverschämtheit, ihm auf Ehre zu versichern, daß er seine Nachrichten nicht durch die Dienerschaft erhalten hätte! Es ist geradezu unmöglich, sich eine angemessene Vorstellung von der weiten Verzweigung der Geheimpolizei, diesem üblen Produkt eines falschen öffentlichen Bewußtseins, zu machen. Jeder Hoteldiener ist ein bezahlter Spion; es gibt Spione, welche dafür entlohnt werden, Wirtshäuser und Hotels aufzusuchen und an der Wirtstafel zu horchen. Andere wird man zum selben Zweck in der Hofbibliothek finden, und die Buchhandlungen werden von Spionen heimgesucht, welche sich über die Einkäufe der Kunden unterrichten lassen. Selbstverständlich werden alle nur im geringsten verdächtigen Briefsendungen geöffnet, und man bemüht sich so wenig, diese Verletzung des Briefgeheimnisses zu verbergen, daß der Stempel der Polizei neben dem erbrochenen Siegel des

Absenders angebracht wird. Diese widerlichen Maßregeln werden nicht mit jener *finesse* durchgeführt, welche die französische Polizei auszeichnet, aber auch nicht mit der militärischen Grobheit der preußischen, sondern in der dummen und verächtlichen Art des Österreichers, der, linkisch wie er einmal ist, diese niederträchtigste aller Beschäftigungen in der plumpsten Weise ausführt, und dabei noch das stolze Bewußtsein hat, ein Organ kaiserlichen Machtwillens und ein Mensch von Bedeutung zu sein. Ein eigenartiger Zug dieser Regierungsform ist ebenfalls hervorzuheben: ihre Verfolgungen richten sich weniger gegen Fremde als gegen Leute, die mit ihnen in Kontakt treten. Diese und ihre Familien sind aller Art von Schikanen ausgesetzt. Deshalb kann der Ausländer nur schwer mit den besseren Ständen, ausgenommen dem Adel, in nähere Berührung kommen, da jedermann die tückische Strenge der mißtrauischen Regierung fürchtet. Ohne den Verkehr in adeligen Kreisen wäre es einem Fremden, selbst mit den bescheidensten Ansprüchen, unmöglich, auch nur eine Woche in Prag zuzubringen, wird ja jedes Vergnügen durch die scheußliche Tätigkeit der Geheimpolizei vergällt.

Der Prager Mittelstand ist eine kluge, gebildete und achtenswerte Menschenklasse, den sinnesfreudigen Wienern weitaus überlegen, obwohl ihm die Regierung nicht einmal jene armselige Nachrichtenquelle gönnt, aus der die Wiener schlürfen können. Prag besitzt eine einzige, denkbar schlichte Zeitung, die unter unmittelbarer Aufsicht des Oberstburggrafen erscheint. Eine zweite, in böhmischer Sprache geschriebene Zeitung, hatte kaum mit Erlaubnis des Guberniums zu erscheinen begonnen, als sie auf einen Befehl von Wien aus eingestellt werden mußte.

Alles in allem ist Prag eine der malerischsten und schönsten Städte des Festlandes, weit interessanter als Berlin oder jede andere deutsche Hauptstadt.[22] Was diese Stadt höchst beachtenswert macht, sind vor allem die außerordentlichen historischen Schätze, die nicht nur für Böhmen, sondern für alle slawischen Völker wie die Russen und Polen von großer Bedeutung sind. Es wäre ein unkluges Ansinnen, eine Weltgeschichte zu schreiben, ohne vorher diese uralte Hauptstadt besucht zu haben. Die Scheidewand, welche, trotz dreihundertjähriger Zugehörigkeit zum Hause Habsburg, das böhmische Volk von den Österreichern trennt, darf nicht im mindesten verwundern. Ein Hampden oder, um ein näherliegendes Beispiel zu wählen, ein Ziška, fände heute in Böhmen mindestens eine Million Anhänger.

Viertes Kapitel

Reise von Prag durch Mähren und Österreich. – Das Großmährische Reich. – Österreich. – Weinberge. – Dörfer. – Die Bewohner und ihre Lage. – Kirchweihfeste. – Österreichische Klöster. – Die Geschmeidigkeit des österreichischen Klerus. – Rudolf von Habsburg und seine Nachfolger.

Die Fahrt durch Mähren und Österreich bietet dem Reisenden wenig Abwechslung. Er lernt ein wohlbestelltes Land kennen und passiert alle fünf, zehn Meilen ein Dorf oder ein Städtchen mit schmutzigen Wirtshäusern und noch schlechteren Zimmern. Nur einige adelige Landsitze, die jedenfalls weniger auffallen als jene zwischen Teplitz und Prag, bilden den Gegenstand der Neugierde. Fünfunddreißig Meilen hinter Prag erheben sich die Höhen von Kolin, wo Friedrich der Große eine Schlacht und den Ruhm der Unbesiegbarkeit verlor. Zehn Meilen weiter kamen wir durch Časlau und 85 Meilen südwärts von Prag überschritten wir die Grenze von Böhmen, wo eine Steinpyramide die Grenze zwischen Böhmen und Mähren anzeigt. Auf der böhmischen Seite ist ein Löwe, auf der mährischen ein Adler eingemeißelt. Vom ehemals mächtigen Großmährischen Reiche, dessen Könige ein Gebiet von der Donau bis nach Finnland beherrschten, ist nur mehr der Name geblieben. Der letzte König von Mähren, Sventopelk, wurde vom deutschen Kaiser Arnulf besiegt, das Reich aufgeteilt und Mähren mit Böhmen vereinigt. Der unglückliche Monarch mußte sein Szepter mit dem Krummstab vertauschen; seine Residenz wurde in ein Kloster umgewandelt, dessen erster Abt er wurde. Obwohl Mähren seit seiner Erwerbung durch Österreich von Böhmen abgetrennt ist und eine eigene Provinz bildet, sind die Lage des Adels, der Bauernschaft, die Sitten, die Sprache und die Tracht der Bevölkerung innigst mit denen in Böhmen verbunden. Auch Mähren besitzt einen Landtag mit den Privilegien und der Machtlosigkeit des böhmischen.

Der erste größere Ort, den wir erreichten, war Iglau, eine schöne Stadt mit 10.000 Einwohnern und großen Wollwebereien in ziemlich unfruchtbarer Gegend gelegen. Fünfundvierzig Meilen südwärts liegt Znaim, der letzte Ort, wo die böhmische Sprache gesprochen wird. Beachtlich ist dabei die Zähigkeit der Böhmen. In den nördlichen Vororten von Znaim wird wie vor dreihundert Jahren noch böhmisch gesprochen; dagegen, so sagte man mir, finde sich etwas südlicher kaum jemand, der das Böhmische verstehe. In der gleichen Weise ändert sich auch der Charakter der Bevölkerung. Bei den deutschsprechenden Mährern findet man keine Spur der düsteren, an Menschenfeindlichkeit grenzenden Sinnesart der Böhmen. Zwischen den beiden Nationen besteht kein Übergang, keinerlei Vermischung; sie sind ebenso scharf voneinander geschieden, wie die Deutschen und Franzosen, und ein Nebeneinanderleben von dreihundert Jahren vermochte ihre gegenseitige Abneigung nicht zu überbrücken. Nicht einmal die Spitznamen verschwanden, mit denen sie sich gegenseitig belegen.

Von Znaim nach Wien beträgt die Entfernung auf der Reichsstraße dreißig Meilen. Der interessantere Weg führt jedoch über Retz, Krems und St. Pölten. Wir wählten diesen letzteren. Die Gegend westlich von Znaim ist eigentlich ein ausgedehnter Weingarten, der sich dem leicht gewellten Gelände anschmiegt. In die tiefer gelegenen Stellen sind da und dort Obstgärten oder Weizenfelder gebettet. Ruhe und Heiterkeit liegen über der ganzen Gegend und klingen wider aus dem Lachen der Burschen und Mädchen, welche in den Weingärten die überflüssigen Reben schneiden, um das Reifen der Früchte zu beschleunigen. Wie vielen wir auch begegneten, alle boten uns Trauben an. Die Dörfer künden ihre Nähe durch die vorgelagerten Weinkeller an, welche in das Erdreich eingegraben und meist gewölbt sind. Der Eingang in die Keller führt durch ein kleines gemauertes Häuschen, welches die Weinpresse enthält und ein oder zwei Räume, die dem Vergnügen des Weinbauers und der Weinkäufer dienen. Vor den Kellern warten Wagen, die mit der wohlschmeckenden Last für Wien, Böhmen und Mähren beladen werden; der Weinhandel spielt sich nicht trocken ab, und bei jeder Rast wurden wir zu

Kostproben eingeladen. Jedes Dorf verfügt über 40 oder 50 Keller, vor denen im Schatten von Nußbäumen zwei Bänke und ein Tisch stehen. Die Dörfer zeigen einen Wohlstand, den man sonst auf dem Festland nicht antrifft; sie ziehen sich meist an Bächen entlang, deren Ufer mit Weiden, Roßkastanien und Nußbäumen bestückt sind. Strohdächer trifft man hier ebenso selten wie Wirtshäuser, denn die Einwohner sind sämtlich Weinbauern und leeren ihr Gläschen oder meist ihr Fläschchen lieber daheim. Die Häuser sind ein oder zwei Stockwerke hoch, mit Ziegeln gedeckt und mit grünen Fensterläden versehen. Auf beiden Seiten finden sich Vorgärten hinter grünen und gelben Lattenzäunen, durch die man zum Haustor gelangt, und durch ein darin eingeschnittenes Pförtchen betritt man das Haus. Der erste Raum ist ein meist ausgemaltes Besuchszimmer mit einem schönen Ofen, zwei Schränken oder Kommoden, sechs Stühlen und einem Sofa. Mitten im Zimmer steht ein großer, mit einem Tiroler Teppich bedeckter Tisch, der zwei Flaschen und eine Anzahl von Gläsern trägt. Die übrigen Räume sind weniger reich, aber rein und ausreichend eingerichtet. Um den grünen Kachelofen und längs der weißgetünchten Wand ziehen sich Sitzbänke hin. Darüber hängen große Weingläser, aus welchen die Hausleute ihren täglichen Trunk nehmen. Einige Heiligenbilder oder Porträts von Maria Theresia, Joseph II. oder Franz I. zieren die Wand. Der letztere ist eigentlich in allem und jedem das Vorbild der Österreicher. Sie betrachten ihn wie einen Vater oder eigentlich wie einen Aufseher, dem sie sich jederzeit nähern dürfen, und dem sie sich in allem unterwerfen. Ihr Charakter ähnelt so sehr dem des Kaisers, daß aus dieser Seelenverwandtschaft das beste Einverständnis zwischen dem Österreicher und seinem Herrscher erwächst.

Wir hatten schon ein Dutzend dieser schönen Dörfer durchfahren, von denen eines das andere an Behäbigkeit und Anmut übertrifft, und wir waren eben dabei, in die letzte Ortschaft vor dem alten Städtchen Retz einzufahren, wo wir haltmachen wollten. Bei einer Straßensteigung schritten wir hinter unserem Fuhrwerk einher, als ein alter Landmann, der uns einige Zeit gefolgt war, sich ein Herz nahm, uns nach dem Reiseziel zu fragen. Nach erhaltener Auskunft zwang er uns fast, die Nacht unter seinem Dach zu verbringen. Kaum hatten wir sein Haus betreten, als uns die Hausfrau mit zwei Flaschen in der Hand entgegentrat, von denen die eine Wein, die andere Wasser als Willkommenstrunk enthielt. Die Zeit bis zum Abendbrot wurde der Landessitte gemäß mit Trinken und Plaudern zugebracht.

Unser Wirt, ein angesehener und wohlhabender Weinbauer in Grusbach, führte gerade wegen einer Vormundschaft, die er früher innehatte, einen Prozeß gegen seine Grundherrschaft. Um seiner Sache sicher zu sein und die Angelegenheit nicht in die Länge ziehen zu lassen, nahm er Audienz bei Kaiser Franz. Er wurde selbstverständlich vorgelassen und trug seine Bitte vor. „Haben Sie schon das Urteil erhalten?" fragte der Kaiser. – „Ja, Majestät", antwortete der Bauer. – „Dann rate ich Ihnen, gehen Sie zum Hofrat S–z. und lassen Sie es ihn sehen." – „Wäre es nicht besser", warf freimütig der Bauer ein, „wenn Eure Majestät das dem Herrn Hofrat befehlen wollten?" – „Nein, mein Sohn", antwortete der Kaiser, „das verstehen Sie nicht. Die Sache muß ihren ordentlichen Weg gehen, vorher kann ich nichts machen. Gehen Sie zum Hofrat, hören Sie, was er sagt, und dann bringen Sie mir die Antwort." – Der Bauer wandte sich an den Hofrat, welcher antwortete, nichts tun zu können, bevor die Angelegenheit im Instanzenzug nicht zu ihm gekommen sei. Neuerlich wandte sich der Bauer an den Kaiser, der ihn ermunterte, geduldig zu warten, und ihm versprach, die Angelegenheit voranzutreiben. Der Bauer kehrte heim und sechs Wochen später wurde die Angelegenheit zu seinen Gunsten entschieden.

Der österreichische Bauer ist ein gutmütiger, fröhlicher Mensch, offenherzig und ehrlich, wenn auch mancher behauptet, daß er die zwei letzten Eigenschaften einigermaßen eingebüßt habe, und zwar durch zwei Staatsbankrotte, die Beispiele von Treulosigkeit seitens des Kaisers und durch die Geheimpolizei. Gewöhnlich ist der Bauer in Österreich wohlhabender als der Böhme oder Pole und eigentlich Freibauer, da Robot und Zehent unter Mitwirkung der Regierung in Österreich dem Adel abgelöst wurden. Unübertrefflich ist die Gastfreundschaft dieser Leute, und wer immer bei ihnen vorspricht, wird durch ihre Liebenswürdigkeit fast erdrückt. Der Durst der Deutschen ist bekanntlich unstillbar und erstaunlich daher die Zahl der in Österreich geleerten Weinflaschen. Wenn auch der österreichische Bauer seine derbe Nahrung mit ein oder zwei Flaschen Wein hinunterspült, sieht man ihn doch selten betrunken, wie wir mehrmals bemerken konnten. Die Gewohnheit und der leichte, dem Rheinwein ähnliche, etwas säuerliche Wein erklären dies. Um ihren Durst nicht vorzeitig zu stillen, steigen die Österreicher beim Trinken von der minderen zur besseren Sorte auf. Bei vielen Weinbauern findet man einen Vorrat von mehr als tausend Fässern der Jahrgänge 1811 bis 1826. Heute noch beklagen sie sich bitter über die Franzosen, welche ihre Keller der Weine von 1783 bis 1794 beraubt haben. Ihre wohlgefüllten Keller sind ihr Reichtum, und man kann sich leicht vorstellen, welche Mengen an ihren Festtagen vertrunken werden, von denen die Kirchweihfeste die wichtigsten sind.

Nichts übertrifft an Fröhlichkeit und Ausgelassenheit ein solches Fest in Niederösterreich. Jedes Jahr wird es in jedem Dorf an zwei aufeinanderfolgenden Sonntagen gefeiert. Die jungen Burschen des Ortes treffen schon eine Woche vorher ihre Vorbereitungen. Der höchste Baum im Gemeindewald wird gefällt, entrindet, glatt gehobelt und mit einem Fichtenbäumchen gekrönt, welches Äpfel, gefüllte Weinflaschen, Bänder und Girlanden trägt. Dieser Baum wird inmitten einer mit farbigen Tüchern und grünen Zweigen geschmückten Tribüne, des Tanzbodens, in die Erde gerammt. Aus den Nachbarorten werden die befreundeten Familien zum Feste gebeten, und nach dem Hochamt wird das Mittagmahl verzehrt, das aus mindestens zwanzig Gängen besteht. Nach dem Nachmittagsgottesdienst holen die Burschen in ihrem besten Staat die jungen Mädchen aus den Häusern ab und führen sie zum Tanz. Das Orchester besteht aus zehn bis fünfzehn guten Musikanten, die aus dem Aufspielen bei diesen Festlichkeiten ihr Einkommen bestreiten. Unter den Instrumenten sind zwei Harfen, aber keine Geigen, was den ländlichen Charakter der Musik erhöht. Nichts gleicht der Kunst, mit welcher diese Leute Walzer tanzen. Der voreingenommenste Feind dieses Tanzes wird bezaubert durch die Einfachheit und die echte Anmut dieser Tänzer, die nie unter der meisternden, veredelnden Zucht eines französischen Tanzlehrers gelitten haben. Stundenlang kann man dem frohen Treiben zusehen, und vornehme Besucher werden gebeten, den Tanz zu eröffnen, was auch nie abgelehnt wird. Nach Sonnenuntergang wird bei Lampenlicht bis elf Uhr nachts weitergetanzt, und die Mädchen werden dann wieder heimgeleitet. Wir haben in der Nähe eines gräflichen Schlosses einem dieser Feste beigewohnt. Die Familie des Grafen hatte eine halbe Stunde lang beim Tanz mitgewirkt. Für diese Auszeichnung dankten die jungen Leute mit einem Ständchen.

Das gräfliche Schloß liegt auf einem der romantischen Felsberge des Donautales, fünfundzwanzig Meilen oberhalb des gefürchteten Struden, und beherrscht auf der einen Seite den mächtigen Strom, auf der anderen das schöne Tal mit seinen Dörfern. Der steinige Grund zwischen dem Tal und dem Schloß beherbergt einen prachtvollen Park; zwischen seinen Eichen- und Birkenbeständen liegen moosige Feldbänke und verleihen der Landschaft eine unbeschreibliche Idee romantischer Schönheit. In diesem Park, inmitten abschüssiger Felsen und natürlicher Grotten, wurde das Ständchen dargebracht. Vierzig junge Leute sangen das schöne Tiroler Lied: „Wenn ich morgens früh aufsteh'", die reizendste aller vorgetragenen Melodien. Die kräftigen Stimmen, die zahlreichen Lichter und die schöne Umgebung trugen dazu bei, dies zu einem der köstlichsten Vergnügungen zu machen.

Dieses Volk, das trotz seines Hanges zum Essen und Trinken sicher eines der besten und gutherzigsten auf Erden ist, wird merkwürdigerweise allgemein verachtet. Dafür gibt es zwei Gründe: Der eine ist der blinde Gehorsam gegen den Herrscher, welcher die Österreicher dazu verleitet, im Augenblicke, wo sie es mit der

Regierung zu tun bekommen, aus Liebedienerei noch mehr zu leisten, als ihnen befohlen wird. Nicht wegen ihrer Laster, auch nicht wegen des Unrechtes, das sie verübt haben, werden sie gehaßt, sondern wegen der täppischen Art, mit der sie die Anweisungen ihrer Vorgesetzten ausführen. Weiters fehlt es dem Österreicher an jeglichem nationalen Selbstgefühl sowie an Tugenden, welche dieses erwecken könnte. So geeignet das sein mag, die zwanzig Rassen und Völker zusammenzuhalten, welche Österreich bilden, und so mildernd er auf die Vorrechte einwirkt, welche die Österreicher im besonderen genießen, so sehr hat dies die Verachtung für ein Volk gemehrt, das wenig glänzende Vorzüge besitzt. Jede Nation würde es als Unglück empfinden, einem Österreicher untertan zu sein, und sein ungehobeltes Wesen und unangebrachte Vertraulichkeit machen ihn selbst dort zum Gegenstande des Hohnes, wo er als Sieger hinkommt.

Von St. Pölten an, einer alten Stadt mit einem Bischofsitz, wird die Gegend gegen Wien geradezu herrlich. Tausende von einzeln stehenden Höfen, versteckt in Wäldern von Obstbäumen, füllen die Täler aus, während die Hügel mit reichen Weinbergen gesegnet sind. Links fließt majestätisch die Donau längs der bewaldeten Berge, und rechts erblickt man die stolzen Gipfel der Steiermark.

Mehrere Abteien ziehen die Aufmerksamkeit auf sich und zeigen hier den großen Reichtum der österreichischen Geistlichkeit an. Wir besuchten die berühmten Stifte Kremsmünster und Klosterneuburg. Kremsmünster ist eigentlich eine Anhäufung von Palästen in halb italienischem und halb französischem Stil. Die Abtei muß ein Gymnasium unterhalten und besitzt eine Bibliothek, eine Bildergalerie, die Wohnung des Abtes und den sogenannten Kaisertrakt mit seiner reichen Ausstattung. Sieben Meilen oberhalb Wiens, am rechten Donauufer, liegt in herrlicher Lage das interessanteste der österreichischen Stifte, Klosterneuburg. Den Mittelpunkt des eindrucksvollen Gebäudes bildet die Kirche, an welche sich zwei mächtige Flügelbauten anschließen, welche durch Galerien miteinander verbunden sind. Der eine Flügel enthält die

Kaiserzimmer, der andere die Wohnung des Abtes. Hinter der Prälatur befindet sich das Kloster mit seinen drei Stockwerken tiefen Kellern, von denen der dritte und letzte unter der Donau liegt. Wir sahen einen sechsspännigen Wagen in den Keller einfahren und in dieser immensen Aushöhlung wenden. Nicht weniger als 20.000 Fässer Wein bergen diese Gewölbe; ein Teil davon wird auf den eigenen Rieden des Stiftes und ein Teil auf anderen Weingütern angebaut. Der Zehent bringt dem Kloster jährlich ungefähr 10.000 Pfund Sterling ein. Obwohl das Stift seine Geldgebarung selbständig führt, muß es dem Staate Rechnung legen und die Überschüsse abführen. Der Abt bezieht einen Jahresgehalt von 2000 Gulden, jeder Chorherr erhält dreihundert Gulden. Die Anzahl der Stiftspriester ist beschränkt, sie müssen entweder Unterricht erteilen oder die Seelsorge ausüben. Sie wählen den Abt in Gegenwart eines kaiserlichen Kommissärs, der ihn danach mit dem Ring, Symbol der weltlichen Macht, beteilt und in seine Würde einführt. Er untersteht dem Fürsterzbischof von Wien und der kaiserlichen Regierung. Die Zahl der Klöster in Österreich ist jetzt geringer als früher, und ihre Verfassung ist überall die gleiche. Kaiser Joseph hat die Stifte, deren Insassen bloß ein kontemplatives Leben führten, aufgehoben und ihre Vermögen dem Religionsfonds einverleibt, aus welchem der niedere Klerus bezahlt wird. Die Bischöfe werden vom Kaiser ernannt, ohne dessen Erlaubnis keine päpstliche Bulle im Lande veröffentlicht werden darf. Sie unterstehen nicht nur den Statthaltern, sondern auch den Kreishauptleuten, welche Einfluß auf die Angelegenheiten der Klöster nehmen. Die Ausbildung der Theologen ruht in den Händen der Bischöfe, wird aber von der Regierung überwacht. Diese behält sich auch das Recht vor, in außergewöhnlichen Fällen besondere Gottesdienste wie *Te Deums* und Prozessionen anzuordnen. Auf diese Weise ist die Geistlichkeit in Österreich eigentlich in ihrer Macht beschränkter als in jedem anderen Lande. Im Vergleich mit dem Einfluß, welchen der Kaiser von Österreich auf seine Erzbischöfe, Bischöfe und die gesamte Geistlichkeit ausübt, verschwindet die Macht der Könige von

Frankreich und England in geistlichen Dingen. Kaiser Joseph jedenfalls zog aus seiner Eigenschaft als Kaiser die volle Autorität für seine kirchlichen Reformen.

Die Kaiser von Österreich sind als Könige von Ungarn überdies Legaten des römischen Stuhles. Dieses Vorrecht haben sie so geschickt zu nützen gewußt, daß der Staatsrat für die geistlichen Angelegenheiten in Österreich, Herr Lorenz, über größere Befugnisse verfügt, als die Erzbischöfe, Bischöfe und selbst der Papst. Jeder Staatsmann sollte die österreichische Hierarchie und ihre Religionsgesetze aufmerksam und eindringlich studieren. Die Art, in welcher die österreichische Regierung den Klerus zu beherrschen versteht, verdient höchste Anerkennung.

Als ein Beispiel für das Entgegenkommen des Heiligen Stuhles in einem Lande, wo der Papst trotz scheinbarer Übereinstimmung mit der Regierung eigentlich keine Autorität besitzt, möchte ich den kürzlich erfolgten Übertritt des Hofrates Baron K. zum Katholizismus anführen. Eine Eheangelegenheit führte ihn in den Schoß der katholischen Kirche. Da er ein vornehmer Mann war und eher zur philosophischen und skeptischen Denkungsart neigte, betrachtete die katholische Geistlichkeit seine Abkehr vom Protestantismus als Erfolg, und der päpstliche Nuntius ließ sich dazu herbei, gewissen Bedingungen zuzustimmen, welche der Baron vor seinem Übertritt zum allein seligmachenden Glauben stellte. Zuerst erklärte der Baron, keine Heiligen anrufen zu wollen; dies wurde bewilligt. Der zweite Vorbehalt betraf das Fegefeuer, welches angezweifelt wurde. Auch dies wurde dem Gutdünken des Neophyten überlassen. Zum dritten lehnte Baron K. das tägliche Hören der Messe ab. Auch dies wurde genehmigt unter der Voraussetzung, daß er wenigstens Sonntags zur Kirche gehen würde. Viertens sträubte er sich gegen die Beichte, und es wurde ihm freigestellt, diese bloß einmal im Jahre abzulegen. Nachdem dieser Vertrag unterzeichnet worden war, konvertierte der Baron und heiratete seine Braut.

Nach Klosterneuburg näherten wir uns der berühmten Residenz des österreichischen Kaiserhauses, welche schon die römischen

Legionen und die babenbergischen Markgrafen gesehen hat. Wien mit seinen Festungswerken und großen Vororten, die sich auf etwa sechshundert Yards ausdehnen, ist eigentlich einem Abbild des österreichischen Kaiserstaates, dessen weitläufigen Königreiche und Provinzen das kleine Erzherzogtum Österreich umgeben. Die Paläste von Wien, die engen, krummen, winkeligen Gassen der Stadt tragen den Stempel der unentschlossenen, zaghaften Politik, die so bezeichnend ist für die regierende Familie. Die Eigenart der verschiedenen Völker, deren Mittelpunkt die Hauptstadt ist, sucht man allerdings vergebens.

Die kaiserliche Familie zeigt eindrucksvoll, wie mitunter die größten Ereignisse kleinsten Ursachen entspringen können. Die Geschichte des Schweizer Grafen, der vom Pferde steigt und einem mit dem Allerheiligsten nahenden Priester sein Roß anbietet, ist bekannt, auch die Ablehnung dessen Rückgabe mit dem Hinweis darauf, nicht mehr ein Pferd reiten zu können, das den Herrgott getragen habe. Der Priester wird vertrauter Ratgeber des Kurfürsten von Mainz, und dieser schlägt bei der Kaiserwahl den frommen pferdeleihenden Grafen vor. Um diese Zeit war Deutschland von zahllosen wegelagernden Raubrittern verseucht, und die kriegerische Tüchtigkeit Rudolf von Habsburgs ließ seine Wahl wünschenswert erscheinen. Außerdem gab sein geringes Ansehen keinen Grund zur Eifersucht, und so wurde er zum ersten, aber auch wenigst mächtigen Monarchen der Christenheit.

Obgleich ein reicher Graf, wurde er ein wenig bemittelter Kaiser. An seinen Töchtern jedoch besaß er einen Schatz, den er durch Heiraten so geschickt anlegte, daß es ihm mit Hilfe seiner Schwiegersöhne gelang, den König Ottokar von Böhmen um Österreich zu bringen. Ottokar wurde gleich zweimal besiegt und durch seinen Tod auf dem Schlachtfeld Österreich Habsburg gesichert. Rudolfs Nachfolger betrieben die gleiche kluge Heiratspolitik wie der Vorfahre und erwarben dadurch ihren großen Länderbesitz, bis schließlich Karl V., der mächtigste Monarch Europas, dreihundert Jahre nach der Thronbesteigung seines Urahnen, die Hand nach der Weltherrschaft auszustrecken wagte. Ohne edle Charaktereigenschaften, ohne die Liebe ihrer Völker und trotz fortwährender Aufstände hat diese Familie sich nicht nur oft aus schweren Gefahren errettet, sondern es auch verstanden, aus ihren zahlreichen Niederlagen immer wieder mächtiger hervorzugehen. In anderen Staaten, wo Volk und Fürst eng verbunden sind, werden Throne durch Erschütterungen gestürzt. Während liberale Ideen täglich an Boden gewinnen, verspürt man im großen Reich der Habsburger bis auf den heutigen Tag kaum eine sichtbare Bewegung hin in Richtung Emanzipation, welche keines der von ihnen beherrschten Völker besonders anzustreben scheint. Wo das größte Genie Schiffbruch erlitt, erzielten die österreichischen Monarchen gerade durch den Mangel an Begabung ihre Erfolge. Sie gebrauchten stets nur alltägliche Mittel, sie sind keine Phantasten und haben dadurch fast immer ihr Ziel erreicht.

Fünftes Kapitel

Stadtbild von Wien. – Die Vororte. – Das Glacis. – Die kaiserliche Burg. – Die kaiserlichen Gemächer. – Leibgarden. – Der Kaiser.

Die Einfahrt nach Wien von Westen her ist wirklich herrlich. Links die breite Donau, rechts das prächtige Schönbrunn und vor den Augen des Betrachters die große Kaiserstadt, aus deren Mitte der ehrwürdige Stephansturm emporragt, mit dem stolzen Doppeladler auf seiner Spitze. Wir passierten die Linien, welche die Vorstädte umfassen.

In den Vorstädten sind die Häuser gewöhnlich zwei Stockwerke hoch und erinnern mit ihren Gärten und ihrem weißen, gelben oder lichtgrünen Anstrich an englische Landhäuser. Je mehr man sich dem Stadtinneren nähert, desto häufiger findet man dreistöckige Häuser sowie Paläste und Kirchen. Sechshundert Yards breite Glacis trennen die Vorstädte vom eigentlichen Stadtkern, und zahlreiche Alleen führen zu den zwölf Stadttoren, von welchen aber nur acht geöffnet sind. Wir fahren durch das Burgtor ein, dessen angrenzende Wälle seinerzeit auf Befehl Napoleons geschleift wurden und jetzt Gärten tragen.

In Wien ist nicht, wie in Paris, die führende Hand eines großen Genius sichtbar, der die architektonischen Schönheiten mit feinem Geschmack so plaziert hätte, daß sie die beste Wirkung erzielen.

Die Hofburg bietet mit ihrem Altersgrau einen seltsamen Kontrast zu den herrlichen und modernen Räumen der Hofkanzlei, und dies spricht für den kaiserlichen Stolz, der eine stattliche, alte Residenz einem neuen Palast vorzieht. Das Innere der Burg ist prachtvoll, und der Prunk und Geschmack eines nahezu sechs Jahrhunderte regierenden Herrschergeschlechtes ist an den Uniformen und der Lebensführung des Hofes zu erkennen. Die Grenadierhauptwache mit vier Geschützen befindet sich vor dem Eingang zu den kaiserlichen Gemächern im Burghof. Eine doppelte, edel geschwungene Freitreppe führt zum ersten Vorraum, in welchem deutsche und ungarische Leibgarden postiert sind. Die ersteren sind österreichische Stabsoffiziere, sie tragen rote Röcke, weiße Hosen und goldverbrämte Dreispitze. Die ungarische Garde glänzt in roter Husarenuniform mit Tigerfellüberwürfen, Kalpaks aus Zobelfell; sie schimmert von Gold- und Silberstickereien und ist zweifellos die prächtigste Leibwache der Welt. Sie wird aus fünfzig ungarischen Adligen im Rang von Oberleutnants formiert und von dem Gardekapitän, Fürsten Esterházy, befehligt.

Aus diesem prunkvollen Vorraum kommt man in einen Saal mit schwarz und gelb gekleideten Lakaien, ein Kostüm, welches die Mitte zwischen alter spanischer und deutscher Tracht hält. Nun betritt man den Audienzsaal und dann einen Raum, welcher den kaiserlichen, in rote, silberbestickte Fräcke gekleideten Edelknaben zum Aufenthalte dient. Wenige Schritte weiter befindet sich die Kammerherrenstube, wo immer zwei Dienstkämmerer anwesend sind, die rechts hinten den goldenen Kammerherrenschlüssel tragen. Der von dem kaiserlichen Hof entwickelte Glanz kann daraus ermessen werden, daß der Kaiser über fünfundzwanzig Leibkutscher, fünfzig Leiblakaien und fünfundzwanzig Leibkammerdiener verfügt. An die Kammerherrenstube stößt das Arbeitszimmer des Kaisers, ein einfaches, aber kostbar möbliertes, grün ausgeschlagenes Zimmer, in dem, mit der rechten Hand auf ein Mahagonitischchen gestützt, eine mittelgroße, sehr schlanke Männergestalt steht, mit einem langen Kopf, in welchem ein Paar großer, blauer Augen scheinbar Offenheit und Ehrlichkeit verkünden. Diese Augen verstehen es aber auch, sehr finster zu blicken. Der Kopf des Kaisers ist ungemein mager, und fast könnte es scheinen, daß die hohlen Wangen ihre ganze Fülle dem Kinn und einem Paar dicker Lippen abgegeben haben, die sich hie und da zu einem gutmütigen Lächeln verziehen, wenn der Kaiser mit dem Kopfe nickt. Dieses Gesicht ist jedoch auch des Ausdruckes höhnischer Bösartigkeit fähig. Dürre Beine, an welchen vier Kaiserinnen keine Unze Fleisch übriggelassen haben, tragen einen hageren Rumpf und ziemlich schlottrige Füße stecken in hohen Stiefeln. So sieht der Abkomme von neunzehn Kaisern, der jetzige Beherrscher Österreichs, aus.

Noch Erzherzog, folgte Franz einst seinem Onkel, dem Kaiser Joseph, nach Ungarn. Ein gewisses Phlegma und ziemlich schlechtes Auftreten ließ dem Kaiser, indem er auf seine Reformen anspielte, in einem Anflug von Ungeduld ausrufen: „Der Bursch taugt nichts, er wird einmal alles verderben." Nicht vorteilhafter war die Ansicht, welche Fürst Kaunitz vor seinem Tode über den Kaiser aussprach: „Die Französische Revolution wird Europa in ein großes Schlachtfeld verwandeln. In diesem Kampfe wird, so fürchte ich, mein Vaterland die Hauptrolle spielen und dabei verlieren, so daß das, was fünf Jahrhunderte zusammengefügt haben, auseinanderfallen wird."

Während seiner bisherigen Regierungzeit war der Kaiser eigentlich nur ein Werkzeug in den Händen seiner Minister, nicht so sehr aus Beschränktheit als durch eine gewisse Passivität, welche, in Erkenntnis der eigenen Ineffizienz, ihn dazu führte, sich auf andere zu stützen, solange die Politik und die Umstände dies geboten. Von seiner Thronbesteigung im Jahre 1792 an bis zum Jahre 1811, als er unter den Einfluß Metternichs geriet, ließ er sich ausschließlich von den Ansichten der in Österreich mächtigen Herrenkaste leiten und kämpfte gegen Frankreich mit beharrlicher Festigkeit und unerschütterlicher Zähigkeit. Keine verlorene Schlacht, kein Verrat oder eine andere Katastrophe vermochte ihn ins Wanken zu bringen, wie dies von einer mächtigen Aristokratie erwartet werden konnte, die ihre Interessen, ja ihre Existenz, bedroht sah.

Wenn auch seine Generale wie Mack ihn in dieser Zeit ganz offen betrogen, seine preußischen und russischen Alliierten ihn verlassen haben, so verlor Franz selbst nach den furchtbaren Katastrophen von Marengo und Ulm[23] niemals auch nur für einen Augenblick seine Ruhe und seine Gleichgültigkeit, die wahrhaftig schwer begreiflich zu machen sind. Selten zeigte sich in seiner Miene eine Veränderung, selten unterbrach er für eine Minute seine Lieblingsbeschäftigungen – die Erzeugung von Siegellack, die Taubenzucht und das Geigenspiel –, und er widmete sich diesen Vergnügungen, wenn er in Wien war, ebenso eifrig wie den Regierungsgeschäften. Wie ein Herr, der seinem Dienstboten, der gerade ein Dutzend Champagnerflaschen zerbrochen hat, aufträgt: „Jetzt trachten Sie, ein anderes Dutzend zu bekommen", so würde Franz I. nach einer verlorenen Schlacht oder der Gefangennahme einer Armee seinen Ministern sagen: „Jetzt schauen Sie halt, daß sie wieder eine andere Armee zusammenbekommen."

Der Ausgang der blutigen Schlacht von Marengo entflammte den Patriotismus seiner Untertanen und den Wunsch nach Vergeltung. Die Österreicher, Böhmen und Mährer eilten zu den Waffen und boten sich zur Verteidigung ihres Landes an. Unter diesen Truppen befand sich auch ein Freiwilligenkorps von 600 Studenten der Prager Universität, darunter zahlreiche aus adeligen und aus angesehenen Familien, das den Namen „Aufgebot des Erzherzogs Karl" führte. Der Kaiser ließ sich, gedrängt von seinem Bruder Karl, herbei, diese tapferen jungen Leute zu visitieren und ihnen aufmunternde Worte zu sagen. Die Revue fand in Budweis statt und der Kaiser drückte seine Befriedigung über die ausgerückten Jünglinge folgendermaßen aus: „Oh, Sie schauen sehr gut aus, ich hätt's nicht geglaubt, aber ich brauche Sie glücklicherweise nicht mehr. Wir haben jetzt Frieden, und Sie können wieder nach Hause gehen." – Als Beweis seiner kaiserlichen Zufriedenheit ordnete er die Verteilung eines neu geprägten Silbergulden an jeden dieser Freiwilligen an. Die beleidigten Jünglinge warfen allesamt dieses Zeichen allerhöchster Gunst in einen Bach.

Es ist wahrlich schwer begreiflich, daß angesichts der geringen Förderung seiner Untertanen und seiner wenig einnehmenden Fürstentugenden Franz einen Krieg wie jenen des Jahres 1809 führen konnte. Dennoch ist diese Zeit die glänzendste in der neueren österreichischen Geschichte, und sie zeigt mehr als alles andere, wessen dieses Land fähig wäre, wenn man es auferwecken und entsprechend verwalten wollte. Über 60.000 Mann stellte allein der Adel der verschiedenen Provinzen auf, rüstete diese auf eigene

Kosten aus und führte sie ins Feld. Ungeheuer waren auch sonst die Opfer der Adeligen und des Volkes insgesamt.

Die Kleinodien aus den Kirchen, das Silbergeschirr der Aristokratie, die Geschmeide der Wohlhabenden, das Silberbesteck des Mittelstandes, alles nahm den gleichen Weg, um die Kosten des Krieges zu decken, und dies geschah ohne Murren und Zögern. Die unglückliche Schlacht von Regensburg schwächte die Begeisterung des Volkes nicht ab, im Gegenteil, sie vermehrte dessen Stimmung, die ihren Lohn in der ruhmreichen Schlacht von Aspern fand. Diese erweckte im ganzen Kaisertum eine ungeahnte Begeisterung, und Kaiser Franz ließ sich sogar herab, die Leistungen seines Heeres in einem Armeebefehl anzuerkennen. Dann folgte die Schlacht von Wagram. Der Plan des Erzherzogs Karl für diese Schlacht ist bekannt. Mit seiner Armee und den unter Erzherzog Johann fechtenden Truppen hatte er vor, Napoleon zu umfassen und zu vernichten. Der Kampf begann auf beiden Seiten mit stärkstem Kräfteeinsatz. Der rechte Flügel unter Erzherzog Karl war im siegreichen Vordringen. Der linke Flügel aber, dem sich die von Erzherzog Johann befehligten Heeresteile hätten anschließen sollen, geriet in eine mißliche Lage und mußte zurückweichen. Angstvoll waren alle Augen auf die Preßburger Straße gerichtet, von wo aus Erzherzog Johann hätte eingreifen sollen. Inzwischen verzehrte Franz in seinem Hauptquartier zu Wolkersdorf gemächlich sein Mittagessen, und als einer der Adjutanten mit der schlechten Nachricht vom Ausbleiben des Erzherzogs und vom Rückzug der Armee eintraf, sprach der Kaiser: „Habe ich's Ihnen nicht gesagt, daß uns der Johann sitzenlassen wird und daß wir wieder die Zeche bezahlen müssen? Jetzt können wir schauen, wo der Zimmermann das Loch gemacht hat." Nach diesen Worten erhob sich seine Majestät und bestieg seinen Wagen mit einer Ruhe, die allgemeines Erstaunen erweckte.

Gewisse Anspielungen über geheime Absichten seines Bruders Karl bestimmten Franz I., diesen sofort nach der Schlacht seines Kommandos zu entheben und einen schlechten Frieden zu schließen.[24] Die gleiche Person, welche ihm diesen Rat gegeben hatte, wurde zum Minister des Äußern ernannt.[25] Da man nun mit Napoleon gut stand, benötigte man weder die Armee noch den Adel und dankte beiden für ihre Dienste in einer Art, die genügt hätte, die größte Begeisterung zu ersticken. Man entzog die Tabakverschleißbefugnisse, die früher alten Frauen und plebejischen Bedürftigen verliehen worden waren, ihren bisherigen Inhabern, um sie auf jene Offiziere zu übertragen, die sich im Feldzug hervorgetan hatten. Der Adel, sofern er nicht überhaupt beiseite geschoben wurde, fand sich in einer Weise behandelt, welche die Stimmung in diesen Kreisen mehr dämpfte als alle früheren Opfer und Verluste.

Von dem Augenblick an, als Franz I. sich in die Hände Metternichs begab, war nicht mehr die geringste Spur von jener Offenherzigkeit und Geradheit zu finden, welche ihn – unbeschadet der schwankenden Unerfahrenheit seiner ersten Zeit – bis dahin durch die verschiedenen Widerlichkeiten und Stürme seines politischen Lebens begleitet hatten. Die Hinterhältigkeit gegen seinen Schwiegersohn war so groß, daß sie diesen bald anwiderte. Aber der arme Napoleon war zu wenig Höfling, um seinen Schwiegervater und dessen Berater zu durchschauen. Als Franz in Dresden weilte, besuchte ihn Napoleon am Tag nach seiner Ankunft. Rasch und schnell entschlossen wie er war, schlug er Österreich vor, Schlesien für Polen einzutauschen. Metternich wurde aus dem Nebenzimmer herbeigerufen. Die Unterhaltung wurde lebhafter, und Franz sagte zu seinem Minister in deutscher Sprache: „Metternich, das werden wir nicht machen. Schlesien brauch' ich nicht, und Polen will ich nicht abtreten. Sagen Sie ihm, daß mir seine Art nicht gefällt. Heute will er uns Schlesien geben und in vierzehn Tagen nimmt er's uns wieder weg, so wie er's mit dem armen Teufel, dem König von Preußen, gemacht hat. Er hat sein Wort nicht gehalten und uns Triest auch noch nicht zurückgegeben und die anderen Gebiete auch nicht, die er uns versprochen hat."

„Was sagt er?" fragte Napoleon verärgert und sichtlich irritiert über den österreichischen Dialekt. – „Oh, nichts", erwiderte

Metternich mit einer höflichen Verbeugung, „Seine Majestät betont nur seine volle Ergebenheit für Eure Majestät." – Einige Stunden später meint Franz lachend zu seinem Minister: „Ja, mein Metternich ist ein schlauer Mensch, der macht aus einem X ein U" und fügt lächelnd hinzu: „Ich hoff', es wird schon gehen." Gemäß dem Bündnisvertrag mit Napoleon sandte im Jahre 1812 der Kaiser 30.000 Mann unter dem Fürsten Schwarzenberg nach Polen. Diese waren so tapfer, daß nur sie allein von den 500.000 Mann der Großen Armee und ihrer Verbündeten unversehrt zurückkehrten, da sie in Wirklichkeit mehr den Russen als Napoleon beigestanden hatten.

Niemals stand ein Monarch vor einer wichtigeren Entscheidung, als Franz I. im Jahre 1813. Als Alexander und Friedrich Wilhelm in Prag eintrafen, waren ihre Heere bei Groß-Görschen und Bautzen geschlagen worden. Eigentlich begannen erst um diese Zeit die preußischen und russischen Rüstungen. Alle preußischen Festungen, sogar Danzig, waren in den Händen Napoleons, dessen siegreichem Heer von 150.000 Mann kaum 50.000 verbündete Soldaten entgegengestellt werden konnten. Auch die Jahreszeit war für Napoleon günstig und Preußen und Rußland waren so ziemlich am Ende ihrer Kräfte. Auf der anderen Seite war in Spanien der Herzog von Wellington im Vorrücken. Franz war verstimmt, Deutschland in Gärung begriffen und entschlossen, das fremde Joch abzuschütteln. Aber auch Napoleons Lage war kaum besser als die seiner Gegner, und er hätte es unter anderen Umständen verschmäht, sich vor Franz zu beugen. In dessen Händen lag nun das Geschick Europas. Wofür immer dieser sich entschied, von einer Seite mußte er für sich und sein Reich höchsten Dank ernten. Es lag in seiner Macht, falls er dem gefaßten Entschluß treu blieb, sich, seine Familie und sein Land als Schutz und Schirm Europas zu erweisen, und es war im allgemeinen Interesse gelegen, daß Österreichs Macht nicht geschmälert werde.

Nichts wäre nötiger gewesen, als jetzt an der Seite Englands den Weg weiterzugehen, den er zwanzig Jahre hindurch verfolgt hatte.

England hätte ihn als einen treuen Verbündeten geehrt, die Bourbonen und Preußen als ihren Retter, und Rußland hätte Österreich als verläßlichen politischen Faktor anerkennen müssen. Franz besaß einen Ratgeber, der ehrlich und fest genug war, seinem Fürsten diese Haltung anzuraten: der ausgezeichnete, viel zu wenig geschätzte Generalissimus der vereinigten Armeen, Fürst Schwarzenberg. Aber der böse Geist des Kaisers war stärker, und so gab er den Ratschlägen Metternichs nach und wurde nicht das Haupt der Heiligen Allianz, sondern das Werkzeug Alexanders. Bis zur Einnahme von Paris spielte der Zar vor Franz I. den ergebenen Freund. Dann hielt er dies nicht mehr für notwendig, und Napoleon war entthront, ehe Franz auch nur davon geträumt hatte. Rußland erntete tatsächlich die ganzen Früchte dieser Kriege. Es besiegte einen mächtigen Nebenbuhler, erschöpfte gänzlich seine Verbündeten und Nachbarn, England, Österreich und Preußen, und ebnete sich auf diese Weise die Bahn zur Weltherrschaft. So sehen wir, daß Franz, der seinen Schwiegersohn betrog, seine Tochter und seinen Enkel opferte, seinerseits von Alexander getäuscht wurde, ohne einen Lohn dafür zu erhalten, getreu dem Orakelspruch Phillip von Mazedonien gegenüber, wonach es jedenfalls gut ausgehen werde.

Nachdem derart jede Sicherung gegen das Übergewicht Rußlands verlorengegangen war, erfand Metternich, niemals um Hilfsmittel verlegen, die *Heilige Allianz*. Alexander hat sicherlich mit seinen Ministern über den Unsinn der ewigen Heiligen Allianz gespottet. Er sah aber gleichwohl seinen Vorteil und ließ sich an die Spitze des Bündnisses stellen. Franz liebt John Bull[26] nicht, dessen starres und widerspenstiges Wesen so schlecht mit seinen Ansichten über die Herrscherwürde übereinstimmt. Während Alexander und Friedrich Wilhelm dieser mächtigen Persönlichkeit ihre Aufwartung machten, kehrte Franz nach Hause zurück, um in Wien Vorbereitungen für den Empfang seiner Gäste zu treffen, und dies besorgte er mit jenem Saus und Braus, der den deutschen Fürsten so eigen ist.

Es gibt gewiß wenig Anrüchigeres, als mitanzusehen, wie ein Monarch und seine Standesgenossen sechs Monate lang Feste auf Kosten eines Volkes abhalten, das von fünfundzwanzig Kriegsjahren ausgeblutet war, – doch Seine Majestät hat sich niemals mit Skrupeln beschwert. Im Gegenteil, der unerwartete Erfolg seiner Pläne und die erhoffte Ausdehnung seiner Macht erfüllten Franz mit einem Stolz, der sich in unerhörtem Aufwand in der Hofhaltung äußerte und mehrere Millionen verschlang. Er war halsstarrig geworden, und seine Äußerungen mündeten allesamt in die Formel: „Ich will." – Auch seine Untertanen verspürten diese Änderung und, obwohl sie es nicht wagten, ihre Unzufriedenheit zu äußern, teilten sie seine Vorliebe zur unbeschränkten Macht keineswegs. Die ersten, die es auszusprechen wagten, waren die Tiroler. In diesen Bergbewohnern lebt eine Einfachheit, eine Charakterstärke und ein echter Stolz, welche sie weit über die Schweizer erheben. Als Andreas Hofer, dessen Name die Tiroler zu Tränen rührt, nach dem ruhmreichen Sterzinger Sieg in Innsbruck weilte, vereinten sich Studenten und Bürgerschaft vor seinem Quartier zu einer Huldigung.

Eine Deputation erschien vor Andreas Hofer, um ihm dies anzukünden. Dieser trat barhäuptig vor die versammelte Menge und sprach: „Hört, meine lieben Landsleute, jetzt ist keine Zeit für eitlen Ruhm, wir wollen nicht singen und jubilieren, sondern niederknien und um Kraft für unseren schweren Kampf beten." Mit dem Rosenkranz in der Hand sank er in die Knie und Tausende mit ihm. Niemals hat Gott ein heißeres und aufrichtigeres Gebet vernommen.

Wenige Stunden später verkündete entfernter Kanonendonner, daß Andreas Hofer neuerlich an den Feind geraten war. Die Tiroler wurden nach ihrer Unterwerfung von den Bayern gut behandelt und alle Mittel wurden versucht, sie zu versöhnen. Als Tirol später wieder österreichisch wurde, da bewiesen die Steuern, Abgaben, eine Horde von Zollwächtern und die Rekrutierung den begangenen Fehler. Da merkten die Tiroler zu spät den Unterschied zwischen bayrischer Herrschaft und österreichischem Joch. Eine Abordnung von zwei Prälaten, zwei Herren und Landmännern und zwei Bürgern erschien bei Hof, um eine Milderung ihrer Lage und die Wiederherstellung ihrer alten Verfassung zu erbitten. Die Tiroler besitzen noch das alte Vorrecht, den Kaiser duzen zu dürfen. Franz empfing die Deputation recht ungnädig, da ihn schon das bloße Aussprechen des Wortes Konstitution aus der Ruhe brachte.

Die Antwort, welche er den Tirolern erteilte, verdient es, für die Nachwelt festgehalten zu werden. „So, also eine Konstitution wollt ihr?" – „Ja, Franz", antworteten die zwei Bürger in festem Ton, während die Landmänner und Prälaten sich verbeugten. – „Schaut's", sagte der Kaiser, „mir liegt nichts daran, ich geb' euch schon eine Konstitution, ihr müßt aber wissen, daß die Soldaten mir gehorchen, und ich werd' euch nicht zweimal fragen, wenn ich Geld brauch'. Was aber eure Reden betrifft, so möcht' ich euch raten, nicht zu weit zu gehen." – Auf diesen kaiserlichen Bescheid erwiderten die Tiroler: „Wenn Du so denkst, ist es besser, keine Konstitution zu haben." – „Das glaub' ich auch", schloß Seine Majestät.

Ernster waren schon die Bitten oder, richtiger, Forderungen der Ungarn. Franz war bei diesem stolzen Volk von Edelleuten nie wirklich beliebt. Seine Schlichtheit und Leutseligkeit, die seine deutschen Untertanen so bewunderten, die aber nur darauf berechnet sind, Steuern und Unterdrückungen vergessen zu machen, bezeichnen die Ungarn als Ungezogenheit. Mit steigender Unzufriedenheit wachen sie seit Joseph II. über ihre Rechte, nehmen nur kühlen Anteil an Österreichs Kriegen, und sie stellten selbst während des ereignisreichen Jahres 1809 nur widerwillig mehr Truppen auf, als ihr festgesetztes Kontingent. Sie wiesen zwar das Ansinnen Napoleons zurück, einen eigenen König zu wählen,[27] aber die unterwürfige Haltung ihres Herrschers, die alsbald in Verrat an Napoleon umschlug, machte auf sie den schlechtesten Eindruck. Während der Kriegszeit, und den ungarischen Beratern des Kaisers zuliebe, verziehen sie die wiederholten Versuche, ihre Rechte zu beschneiden und die Einstellung der Landtagssitzungen. Wohl reichten sie verschiedene Beschwerden ein, aber zu lauten Klagen kam es nicht. Dies hat sich aber geändert und eine ernste Wendung genommen, seitdem Metternich an der Spitze des Staates die Geschäfte leitet. Verschiedene Verletzungen der ungarischen Verfassung und die durch den König verübte Schmälerung der Macht des Adels haben die Ungarn in einer Weise aufgebracht, die selbst Seine Majestät aus dem Gleichmut aufschreckte. Franz selbst liebt seine stolzen Ungarn nicht, bei welchen sein kurzes „Ich will" nichts ausrichtet, und obwohl er ihnen scheinbar in jeder Weise schmeichelt, tut er doch alles, um sie für ihre Gleichgültigkeit und die Mißachtung seiner kaiserlichen Würde zu strafen. So sind sie vom Handel mit dem übrigen Kaiserstaat nahezu ausgeschlossen und werden eigentlich als Fremde betrachtet.

Ihre Ein- und Ausfuhr unterliegt den gleichen Zöllen wie ausländische Waren. Die kaiserliche Politik gegen die Griechen, welche mit mindestens vier Millionen Ungarn denselben Glauben teilen, und die Haltung des Kaisers beim Staatsbankrott haben die Verstimmung in Ungarn nicht wenig vermehrt. Die Freiheit der Sprache auf dem ungarischen Landtag hat Seine Majestät mehr als alles andere beleidigt. Als er sich darüber beschwerte, daß die Versammlung schon vier Wochen tage, ohne etwas zu entscheiden, erhob sich einer der Magnaten, Graf P.[28], und erklärte: „Seine Majestät sitzt schon seit 30 Jahren auf dem Thron Ungarns und hat noch gar nichts für uns getan." – Die Ungarn hegen eine gewisse Ehrfurcht vor dem Alter des Kaisers und haben sich während seiner vierunddreißigjährigen Regierung an ihn gewöhnt, weshalb sie bei Lebzeiten Franz I. ihre loyale Haltung und ihren Gehorsam auch bewahren werden. Sein Nachfolger aber wird alle Kränkungen und Verstimmungen, die sich in fünfzig Jahren angehäuft haben, zu fühlen bekommen.

Auch im übrigen Kaiserstaat, in den deutschen Erblanden, geht nicht alles nach dem Wunsch des Kaisers. In keiner anderen Monarchie sind die inneren Zustände so verwickelt und delikat. Die Besitztitel, auf welchen das Haus Habsburg seine Herrschaft aufgebaut hat, sind, Österreich, Italien und Polen ausgenommen, reine Heiratsverträge. Diese 30 Millionen Untertanen werden nicht so sehr durch militärische Macht als durch Zuneigung zum Herrscherhaus im Zaum gehalten. Zu diesem Verhältnis steuerten die Fürsten eine möglichst sorgfältige Wahrung der materiellen Interessen der Völker und Ehrlichkeit sowie Schonung der alten Gebräuche ihrer Untertanen bei. Diese dagegen bringen ihren Fürsten Ehrlichkeit und Treue entgegen.

Genau diese Ergebenheit und Treue retteten einst Ferdinand II. und brachten Wallensteins Pläne zu Fall. Die gleiche Gesinnung bestimmte die Ungarn, sich zur Rettung Maria Theresias zu erheben. Die Mißachtung für alte Rechte und Gebräuche hat Joseph II. fast sein bestes Königreich, Ungarn, gekostet. Wenn auch die österreichischen Herrscher Künste und Wissenschaften niemals besonders eifrig förderten, so haben sie diese, mit Ausnahme von Böhmen, niemals offen unterdrückt, und als Ferdinand II. dies wagte, wurde er hart für sein Unterfangen bestraft. Die Habsburger haben den Adeligen mehrerer Königreiche ihre schädlichen Vorrechte genommen, wie zum Beispiel in Ungarn und Böhmen. Die ungarische Verfassung aber ließen sie unberührt, und in Böhmen wahrten sie wenigstens deren äußere Form. Beide Königreiche hätten ihre nationale Unabhängigkeit erringen können, ohne die Form ihrer bisherigen Verwaltung ändern zu müssen.

Früher, unter Joseph II., hat es keine Geheimpolizei gegeben. Eines Tages wurde ihm gemeldet, daß an der Burg eine Schmähschrift angeschlagen sei, jedoch so hoch, daß man sie nicht lesen könne. Der Kaiser befahl, sie tiefer zu hängen, damit sie für jedermann sichtbar werde. Josephs Regierung war weit entfernt von starrem Despotismus. Die Gubernien in den Provinzen vertraten den Kaiser, ernannten die Beamten, die vom Kaiser bestätigt wurden, und verwalteten im übrigen selbständig, obwohl sie keine bestimmte Rolle innehatten. Die Universitäten und höheren Schulen genossen bis zum Jahre 1811 unter der Aufsicht der Statthalter wenigstens den Schein einiger Freiheit. So gering diese auch war, sie genügte dem Stolz der einzelnen Völker. Während des Siebenjährigen Krieges griff Maria Theresia die Kirchenschätze an, aber sie erstattete sie getreulich wieder. Die Steuern waren in Österreich im Vergleich zu anderen Ländern niedrig; wurden sie während des Krieges erhöht, so sanken sie sobald er vorüber war. Allenthalben war Ehrlichkeit, guter Wille und eine väterliche Hand zu spüren, die geschlagene Wunden wieder zu heilen suchte. Zum allgemeinen Grundsatz wurde die Idee *Bella gerant alii, tu, felix Austria, nube.* Obwohl Österreich mit den Völkern der übrigen Welt nicht Schritt hielt, waren seine Bewohner nicht unglücklich. Sie genossen das Glück eines Stillebens. Die Österreicher finden aber, daß der Kaiser seit 1811 sein Wort mindestens zwanzigmal gebrochen und seine Versprechungen nicht ein einziges Mal gehalten habe. Trotz eines zweifachen Staatsbankrotts, welcher das Papiergeld zuerst auf ein Fünftel und dann auf ein Drittel seines Wertes herunterbrachte, besteht in Österreich noch immer die Papierwährung, die ungeachtet der Einführung der Métalliques, der in Silber zahlbaren Staatsobligationen, bloß Papierwert besitzt. „Die Steuern", so die Österreicher, wurden entgegen den Versprechungen des Kaisers nach dem Krieg nicht herabgesetzt und sind noch drückender als früher. Hinsichtlich des Handels herrscht völlige Stagnation, weil die Politik Metternichs die Wege nach Deutschland und Ungarn versperrt hält. Die Kirchenschätze, deren Rückerstattung der Kaiser feierlich zugesichert hatte, sind für immer verschwunden. Das Volk weiß sich von Tausenden von Spionen umgeben und merkt, daß der Türke, der sogenannte Erbfeind der Christenheit, auf Kosten der Christen im Orient Gunst und Förderung findet; dies förmlich zum Hohn auf die tiefe Frömmigkeit des Kaisers. Wo persönliche Liebe und Glaubensgemeinschaft die einzigen Bande sind, die Volk und Fürsten vereinen wie in Österreich, ist eine Erschütterung dieser Grundlage ein gefährliches Signal. Der Nachfolger Franz I. wird die Blindheit bedauern, mit welcher dieser unglückliche Fürst auf die verderbliche und zersetzende Politik Metternichs eingeht. Es ist eine peinliche Vorstellung, für dümmer gehalten zu werden, als man ist, aber es erweckt Haß, die frevelnde Hand zu spüren, die ein Volk in geistige Dunkelheit zwingt. Nur Unverständnis kann behaupten, daß die Nationen, welche die österreichische Monarchie bilden, gegen diese Mißhandlungen gleichgültig oder unempfindlich seien. Das Land darf nicht nach dem Urteil von Leuten oder Reisenden gewertet werden, die ihre Beobachtungen in irgendeinem Wirtshaus unter der Aufsicht eines Dutzends Geheimpolizisten angestellt haben.

Die Böhmen, Mährer, Ungarn und Polen wissen weit weniger von der Welt als die Engländer oder die Deutschen, aber sie besitzen weit mehr an Scharfblick und nationalem Empfinden als diese. Die Stille in Österreich ist nur erzwungen; die *aqua tofana* des Metternichschen Systems ist jedoch zu wirksam, um nicht die Wachsamkeit und die Empörung selbst des ruhigsten Menschen zu erwecken. Um die Jugend eines Staates von dreißig Millionen auf diese tiefe Rückständigkeit hinabzudrücken, die den Ansichten Seiner Majestät entspricht, genügt es nicht, in Wien von den Herren Frint und Genossen Lehrbücher fabrizieren zu lassen und diese den Universitäten und sonstigen Schulen zuzuschicken. Es gab und gibt noch aufrechte und gebildete Männer in Österreich, aber diese werden nach Kräften entfernt und durch getreue Sklaven ersetzt. Dies ist denn auch an den Universitäten und Lyzeen in Prag, Wien, Olmütz und Laibach geschehen.

Der Groll über diese Maßnahme blieb nach außen hin unbemerkt, verwinden wird man ihn nie. Seine Folgen waren Unruhen an den genannten Schulen, deren Hörer strafweise in Regimenter in den Banat gesteckt wurden. Dieses Vorgehen hat den Haß gegen Kaiser Franz stärker genährt als alle seine Steuerpatente. Um völligen Gehorsam zu erzielen, hat der Kaiser den Statthaltern und Landesbehörden ihre Macht weitgehend genommen. Die alleinige und unbeschränkte Gewalt liegt jetzt in den Händen des Kaisers und seiner Minister, und die Landesstellen dürfen selbständig nicht über eine Summe verfügen, die zweieinhalb Pfund Sterling übersteigt. Diese Maßnahme hat weder die Geschäftstätigkeiten konzentriert noch den Gehorsam gefestigt; sie hat nur den Erfolg, den Adel und die gesamte Bevölkerung dem Kaiser gänzlich zu entfremden und neue Übelstände zu schaffen. Es entstand ein förmlicher Schwarm von neuen Beamten und eine unbeschreibliche Verwirrung. Während unseres Aufenthaltes in Wien gab es dort mehr als 6000 Aktenstücke oder, wie sie in Österreich genannt werden, Exhibitnummern, welche der Entscheidung des Kaisers vorbehalten waren.

Das Denken der Bauern ist einfach, aber richtig. Sie sind befähigt, die kaiserlichen Patente und Verordnungen zu lesen und zu prüfen, von denen sie finden, daß nicht ein einziges der in diesen Manifesten enthaltenen Versprechen gehalten wurde. Sie sind zwar keine Finanzleute und kennen nicht die schmachvollen Tauschgeschäfte Metternichs mit Rothschild und dessen Brüdern, aber sie bekommen deren Folgen zu spüren. Als biedere Österreicher sagen sie: „Das Silber aus unseren Kirchen ist verschwunden, und wir zahlen noch immer die Steuern, die nur auf zwei Jahre ausgeschrieben waren. Unsere Währung schwankt von Tag zu Tag, von Stunde zu Stunde. Jetzt haben wir einen Gulden in der Hand, der morgen vielleicht nur mehr drei Viertel und übermorgen ein Drittel seines Wertes haben wird." Der Innerösterreicher liebt seinen Kaiser mit der Herzlichkeit, mit welcher die deutschen Stämme ihren Fürsten und auch deren Fehlern zugetan sind. Trotzdem hört man immer wieder Äußerungen wie die folgende: „Ja, unser Franzl ist ein guter Mann, aber er hat uns oft belogen. Wenn ich aber der Kaiser wäre", sagt dann der Sprecher mit einem energischen Ruck, „so würde ich den Metternich höher plazieren – auf den Galgen nämlich."

In Mähren, wo die Leutseligkeit des Kaisers schon weniger bekannt ist, und wo man ihn mehr nach seinen Leistungen beurteilt, spricht man mit ziemlicher Gleichgültigkeit oder überhaupt nicht von ihm. In Böhmen aber hat der geliebte „Franzl" alles Ansehen verloren. Man wagt zwar nicht, offen über ihn zu reden, aber man verurteilt und haßt ihn wie einen echten, treulosen Tyrannen.

Franz und die maßgeblichen Personen wissen genau, woran sie sind, deshalb unterhalten sie Tausende von Spionen, die nicht die Fremden, wohl aber die Einheimischen überwachen. Wenn er auch Böhmen und Ungarn wiederholt bereist und diese beiden König-reiche mit Steuernachlässen bedenkt und sich bemüht, den drohen-den Sturm zu meistern und die Thronfolge seinem Lieblingssohn Karl zu sichern, den er für tauglicher hält, dereinst die Krone zu tra-gen, als den Kronprinzen, wird er mit all seinen Anstrengungen nicht in der Lage sein, die überall aufstehenden Geister zu bannen. Schweigend, still, aber verbittert leben seine Völker dahin: Franz hat sie die Kunst der Verstellung und des Verrates gelehrt, und sein Nachfolger wird die Früchte dieser Schule ernten. Der tiefein-gewurzelte Zug zur Unterordnung, ein gewisser Respekt vor seinem Alter und die bekannte Allwissenheit des Kaisers und seiner Diener wird das Reich in Gehorsam halten, solange er lebt und imstande ist, seine Spione und sein Beamtenheer zu bezahlen. Die Last der Staats-schulden und die Verwirrung des Geldwesens sind aber zu groß, die Mittel der deutschen Erblande zu sehr erschöpft, um diesem System noch eine lange Dauer zu gewähren. Entgegengesetzt wie die Ungarn nun einmal mit ihrer ganzen und unverbrauchten Kraft sind, werden diese nur auf den günstigen Moment warten, sich gegen den Kaiser zu erheben, und die meisten übrigen Länder werden ihnen nachfol-gen. Die Österreicher haben Ehrfurcht und Vertrauen in den Kaiser verloren, und sein Tod wird eine Szenerie aufrollen, von der wir uns heute noch keine Vorstellung machen können.

Franz wird immer als bloßes Werkzeug in Metternichs Händen betrachtet. Das ist nicht der Fall. Zwischen dem Monarchen und dem Staatskanzler herrscht vollständige Übereinstimmung in den Charakteren und Ansichten. Der Kaiser hat in Metternich den Mann nach seinem Herzen erwählt, deshalb findet er an seinen Vorschlägen Wohlgefallen und führt sie aus. Das schmähliche Er-zeugnis eines schlechten Gewissens, die Geheimpolizei, liegt aus-schließlich in seinen Händen. Franz ist ihr oberster Chef, und die Geheimpolizei liefert einen großen Teil der schweren Arbeitslast des

Kaisers. Seine Vorliebe für geheime Nachrichten ist so bekannt, daß der letzte seiner Untertanen, der sich nicht getrauen würde, die Schwelle eines ehrlichen Bürgers zu überschreiten, ohne Scheu vor dem Kaiser hintritt, vorausgesetzt, daß er ihm das gewünschte Gift bringen kann. Dieser Nachrichtendienst umspannt das ganze Kaiserreich; er reicht in die Hütte des Bauern, in die Wohnung des Bürgers, in die Gaststube des Wirtes und in das Schloß des Adeligen. Kein Ort ist vor den Horchern des Kaisers sicher. Er führt eine Liste aller Beamten, Offiziere, Geistlichen und sonstigen Würdenträger, vom Statthalter bis zum Schreiber. Sein ausgezeichnetes Gedächtnis unterstützt ihn dabei. Auf Grund dieser Geheimakten erfolgen die Beamtenernennungen. Anhänglichkeit an die kaiserliche Person ist das erste Erfordernis, und die Ernennungsdekrete sind auch dementsprechend abgefaßt: „In Anbetracht seiner aufrichtigen Ergebenheit an Unsere Kaiserliche Person wird X. zum … ernannt."

Aus seinen 60.000 Beamten wählt er die Minister, Präsidenten, Statthalter usw., ebenso wie die Generale, Obersten, Erzbischöfe und Äbte, aber nicht minder die Direktoren und Professoren der Universitäten und Mittelschulen. Wird eine Stelle frei, so erstellt die zuständige Abteilung einen dreifachen Besetzungsvorschlag. Die Verdienste der Kandidaten werden aufgelistet und an die nächsthöhere Amtsstelle weitergeleitet. Nach neuerlicher Prüfung wird die Liste abgeändert oder bestätigt und schließlich dem Staatsrat und dem Kaiser unterbreitet. Bis zum Jahre 1816 entschied sich dieser gewöhnlich für den an erster Stelle Vorgeschlagenen, Ausnahmen kamen fast nie vor. Seitdem hat sich dies geändert. Wenn der Monarch über die erforderlichen geheimen Nachrichten über die Vorgeschlagenen verfügt, so wird einer von ihnen ernannt. Erscheint die vorhandene Beschreibung nicht erschöpfend genug, so wird ein Geheimbericht aus der Provinz angefordert, wo der zu Ernennende dient. Wenn diese Schilderung über den öffentlichen und privaten Wandel des Kandidaten den Ansichten Seiner Majestät nicht entspricht, so wird einer seiner Favoriten, die er immer vorrätig hat, auf den freien Posten nominiert.

Die Anzahl der österreichischen Beamten ist unendlich und sicher dreimal größer als in jedem anderen Lande. Dies kommt von der langsamen, ja geradezu lächerlichen Art der Abwicklung der öffentlichen Geschäfte. 800 Meilen von der Hauptstadt kann eine alte Schulbank nicht ohne Bewilligung des Kreishauptamtes hergerichtet werden. Sodann muß darüber eine Rechnung an die Landesstelle, von dort an die Hofstelle und schließlich an den Staatsrat ergehen, welcher den Akt Seiner Majestät vorlegt. Diese unglaubliche Art des Amtsweges zieht eine Armee von Schreibereien und natürlich auch Schreibern nach sich. Jeder Untertan des Kaisers ist bemüht, sich aus den öffentlichen Geldern zu bereichern, und dieser Eifer hat die gewünschte Unterwürfigkeit und Ängstlichkeit hervorgerufen. Franz I. hat, dies sei ihm gerne zugestanden, seine Untertanen während seiner vierunddreißigjährigen Regierungszeit zu blindem Gehorsam erzogen, was in ihnen alles Ehrgefühl und jede noble Regung einfach erstickt hat. Man erschrickt geradezu, wenn man den sittlichen Schaden betrachtet, den die Kurzsichtigkeit eines Fürsten angerichtet hat, der danach strebt, jeden Zweifel an seinen Herrscherrechten niederzudrücken, und dadurch Rechtschaffenheit, Moral, Religion und Rechtsbewußtsein untergraben hat. Recht ist in Österreich, was dem Kaiser gefällt – sein Wille; Unrecht, was ihm mißfällt.

Daß die Österreicher noch nicht das geworden sind, was sie sein werden, falls sein System noch zehn Jahre fortwirkt, ist nicht allein Schuld des Kaisers: die niedrigsten und treulosesten Menschen auf dem Erdenrund. Die Erziehung der Jugend, die Verwaltung, die Geheimpolizei, kurz alles, vereinigt sich hier, um politische und sittliche Verwüstung hervorzubringen. Der Kaiser selbst unterstützt dieses System der Zerstörung in jener stillen, plumpen und emsigen Weise, mit der ein eigensinniger Hausvater seine Angelegenheiten zum schlechten Ende führt. Die Tyrannei Napoleons war ein Kinderspiel im Vergleich mit der im Gewande größter Biederkeit einhergehenden Willkür des franziszeischen Regierungssystems. Der Kaiser kerkert je nach Gutdünken Bischöfe oder auch

Fürsten und Grafen ein. Sollten seine Studenten murren oder sich gegen ihre Professoren auflehnen, werden sie als Soldaten an die Grenzen zur Türkei verschickt, und dies alles vollzieht sich in der väterlichsten Weise. In dieser Fürstenseele wohnen eine seltsame Mischung aus wirklicher Einfachheit, despotischem Hochmut, wahrhaft jesuitischer Verschlagenheit, gespielter Offenherzigkeit, rohestem und undankbarstem Egoismus und scheinbar gütigster Nachsicht nebeneinander.

Wenn man Franz in seiner altmodischen, zweispännigen, grünen Kalesche fahren sieht, im braunen, abgetragenen Kaputrock und entsprechendem Hut, freundlich nach rechts und links nickend oder leutselig mit seinem Oberstkämmerer, dem Grafen Wrbna, plaudernd, so würde man ihm nicht den geringsten Hochmut zutrauen. Aber selbst regierende Fürsten und andere Große nähern sich dem Kaiser ängstlich, scheu und voll entschiedenen Mißtrauens. In solchen Situationen gibt sich Franz oft so bieder, ja geradezu derb, als stünde er vor dem Geringsten seines Volkes. Dann bemerkt der Eingeweihte, daß es besser ist, vor einer Offenheit auf der Hut zu sein, welche einen auf kürzestem Weg in die Kerker von Munkács, Komorn oder auf den Spielberg bringen kann. Franz ist sicherlich kein Heuchler, aber er verfügt über eine Verschlagenheit und eine angeborene Verstellungskunst, welche das schärfste Auge täuscht und Napoleon tatsächlich hinters Licht führte.

Sogar seine eigene Familie traut ihm wenig, und obwohl der Kaiser im Verkehr mit seinen Verwandten freundlich und familiär ist, bleiben sie doch lieber von ihm fern. Weder sein Bruder noch der Thronfolger dürfen sich im geringsten in die Geschäfte mengen, soweit ihnen nicht ausdrücklich und direkt etwas zugeteilt wird.

Von seinen Brüdern steht der Kaiser am besten mit dem Erzherzog Rainer, dem Vizekönig von Italien; auf Karl ist er eifersüchtig, Johann ist ihm zu gelehrt und der Palatin von Ungarn zu stürmisch. Als dieser ihn um Erlaubnis bat, seine jetzige (dritte) Frau ehelichen zu dürfen, antwortet ihm der Kaiser halb zürnend: „Du kannst sie schon nehmen, aber ich selbst werde für ihr ganzes Leben beten, denn ich glaube, die nächste würde eine Jüdin sein." – Obwohl Franz seine Frau sehr liebt und oft betont „jetzt bin ich glücklich", hat sie nicht den geringsten politischen Einfluß. Als er sie zum ersten Mal erblickte, flüsterte er seinem Oberstkämmerer zu: „Das ist eine, die einen Puff aushalten wird, und das freut mich; wenigstens hab' ich nicht wieder in vierzehn Tagen ein Begräbnis."

Der Kaiser steht gewöhnlich um sechs Uhr früh auf, frühstückt eine Stunde später und widmet sich bis ein Uhr den Staatsgeschäften oder Audienzen. Um zwei Uhr unternimmt er eine Ausfahrt, manchmal mit der Kaiserin, gewöhnlich aber mit dem Oberstkämmerer, dem ausgezeichneten Grafen Wrbna, oder mit seinem Adjutanten Baron Kutschera. Um vier Uhr nachmittags nimmt der Kaiser die Hauptmahlzeit ein, die meist aus fünf Gängen und einem Nachtisch besteht. Als Getränk dient Wasser und ein Likörgläschen Tokayer. Nach Tisch besucht der Kaiser seine Gärten, oder er macht einen kurzen Spaziergang in den Paradiesgarten, wenn er nicht nach seinen Tauben sieht. Entweicht eines dieser Lieblingstiere oder wird gar eines gestohlen, so vermag ihn dies tief zu verstimmen. Um sechs Uhr wird im neuen kaiserlichen Gartenpavillon der Kaffee eingenommen, den die Kaiserin selbst bereitet, die, einfach gekleidet, sich darin gefällt, Köchin und Wirtin in einer Person zu sein. Die Zeit bis zum Abend wird mit den *Térzettos* ausgefüllt, bei denen der Kaiser die Geige spielt und an denen auch sein Lieblingsadjutant Baron Kutschera und andere vornehme Musiker teilnehmen.

Als Familienvater verdient der Kaiser alles Lob. Es gibt im Kaiserreich keine bessere, achtenswertere Häuslichkeit als die seine. Von dem vorgeschriebenen höheren Bildungsgang abgesehen, erlernt jedes Mitglied der kaiserlichen Familie ein Handwerk: die Erzherzoge zimmern oder tischlern, und der Kronprinz webt. Seitensprünge sind unbedingt verpönt. Eine berühmte Schönheit, welche es wagte, aus ihrer Burgtheaterloge den kaiserlichen Schwiegersohn, Prinzen von Salerno, zu grüßen, wurde eingesperrt, und der Prinz erntete schärfsten Tadel. Der Liebling des Kaisers ist sein zweitgeborener Sohn, Erzherzog Franz Karl, ein kluger, junger Mann von einnehmendem Äußern; allgemein gilt er als sein Nachfolger. Diese Verletzung der Pragmatischen Sanktion wäre durch die gänzliche Geistesschwäche des Kronprinzen wohl berechtigt; sie könnte aber dennoch schwerere Folgen nach sich ziehen als die Regierung des wirklichen Thronfolgers. Ungarn ist allerdings gegen den kaiserlichen Plan eingestellt, und dies allein ist ein Hindernis, das niemals beseitigt werden kann und wird.

Unter allen Mitgliedern der kaiserlichen Familie erfreut sich der Herzog von Reichstadt der größten Zuneigung des Kaisers.[29] Fast scheint es, als ob er dadurch das dem Vater des Herzogs zugefügte Unrecht gut machen wollte. Dieser Prinz ist wirklich ein interessanter, schöner, junger Mann. Der Ausdruck und der feine Schnitt der Lippen sind väterliches Erbe, während er von seiner Mutter die blauen Augen hat. Nicht ohne tiefe Rührung kann man diesen blühenden Jüngling in seiner unaussprechlichen Melancholie und Versunkenheit betrachten. Sein Auftreten ist nicht so schlicht und leutselig, wie das der österreichischen Erzherzoge, die überall zu Hause zu sein scheinen, denn sein Wesen ist würdiger und vornehmer. Mit uns kamen auch zwei preußische Offiziere nach Schönbrunn, seinem jetzigen Wohnsitz, und wünschten ihm vorgestellt zu werden. Eben wollte sein Obersthofmeister das unbescheidene Verlangen in schroffer Weise ablehnen, als der Prinz erschien, um mit seinem Erzieher einen Spazierritt zu unternehmen. Er blieb vor den beiden Offizieren einen Moment stehen und blickte sie an, während seine Reitpeitsche auf dem Boden Linien zog. Dann fragte er mit einem bezeichnenden Blick: *„Des Prussiens?"* – Darauf wandte er sich mit Anmut von den beiden ab, cilte die in den Garten führende Freitreppe hinab und bestieg sein Roß.

Der frühere König von Rom reitet eine arabische Stute, ein Geschenk seines Großvaters, und seine Haltung zu Pferde verspricht, daß er es in der Reitkunst ebenso weit bringen wird wie sein Vater, der ein berühmter Reiter war. Wir sahen den Sohn

Napoleons einige Zeit später an der Spitze seiner Truppe, die ihn geradezu vergöttert. Er kommandiert mit Präzision und militärischem Blick, die einen künftigen General verkündet. Auf Grund eines kaiserlichen Dekrets ist er Eigentümer der acht böhmischen Domänen des Großherzogs von Toskana mit einem Jahresertrag von über 20.000 Pfund Sterling. Dieses Einkommen übertrifft das aller Erzherzoge, nur Erzherzog Karl verfügt über eine noch größere Rente. Der Titel des Prinzen lautet „Herzog von Reichstadt" und es gebührt ihm die Anrede „Durchlauchtigster Herzog" und „Eure Durchlaucht". Er folgt im Range unmittelbar den Erzherzogen und den Mitgliedern der Familien Este und Toskana. Sein Hofhalt ist der gleiche, wie der der kaiserlichen Prinzen: Obersthofmeister, Kammerherren, Adjutanten und entsprechende Dienerschaft. Sein großes Vermögen, seine Talente und Neigungen werden ihm eine glänzende Laufbahn eröffnen.

Sechstes Kapitel

Der österreichische Staatskanzler Fürst Metternich.

Niemals hat es einen gehaßteren und gefürchteteren Mann gegeben als Metternich. Von der Ostsee bis zu den Pyrenäen, von den Grenzen der Türkei bis nach Holland ertönt nur eine Stimme über diesen Minister: die des Abscheus. Da er die wichtigste Instanz bei der Neugestaltung Europas, der Erfinder und die treibende Kraft der Heiligen Allianz, dieses Keimes künftiger größerer Verwicklungen, gewesen ist, verdienen sein Charakter und seine Politik unsere unparteiische Erforschung.

Metternich stammt aus einer der alten, aber verarmten Familien Deutschlands, welche diesem Lande zahlreiche geistliche Fürsten gegeben haben. Die scharfsinnige Abwicklung der Verhandlungen auf dem Kongreß zu Rastadt, wo Metternich mit der Vertretung des westfälischen Grafenkollegiums katholischer Konfession betraut war, erfolgte in einer Weise, daß dieser kluge Sachwalter die Aufmerksamkeit des Kaisers von Österreich auf sich zog, der ihn auf den Dresdner Gesandtenposten berief. Im Jahre 1806 ging er als Botschafter nach Paris. Damals hatte Napoleon seine schroffe Haltung gegen die alte französische Aristokratie aufgegeben, und diese drängte sich nun in Scharen an den Hof. Zu diesen Kreisen, von denen aber natürlich der neugeschaffene illegitime kaiserliche Adel ausgeschlossen blieb, hatte Metternich sich durch seine berühmte Liebenswürdigkeit und anmutige Geschmeidigkeit Zutritt verschafft. Es gelang ihm dadurch, nicht nur in die Geheimnisse und in die *chronique scandaleuse* des französischen Hofes einzudringen, sondern sich zudem die Gunst der führenden Männer in Paris zu erwerben, ja sogar jener Napoleons. In Paris gewann er tiefen Einblick in den Charakter des Kaisers, dort sammelte er jene reichen Erfahrungen, die es ihm ermöglichten, mehrere Jahre später die politischen und diplomatischen Dramen in Dresden und Prag in Szene zu setzen. Im Jahr 1810 wurde er an Stelle des Grafen

Stadion zum Minister des Äußeren ernannt. Und gleich glückte es ihm, die Blicke Napoleons auf die Erzherzogin Maria Luise zu lenken. Die erfolgreiche Weiterführung dieses staatlichen Heiratsgeschäftes wurde dann seinem Nachfolger in Paris, dem Fürsten Schwarzenberg, anvertraut und der kundige Leser findet sofort den Schlüssel zum weiteren Verständnis. Metternich selbst veranlaßte die Erzherzogin, Napoleons Antrag anzunehmen, und er geleitete die Kaiserbraut nach Paris. Mehrere Anspielungen auf eine Belohnung seiner guten Dienste wurden von Napoleon überhört. Wir kennen Metternichs Charakter und wissen, wie er sich bei günstiger Gelegenheit für diese Enttäuschung zu rächen wußte.

Dieser Fehlschlag seiner Hoffnungen trug nicht wenig dazu bei, ihn den Einflüsterungen des russischen Herrschers geneigt zu machen. Metternich war dem Zaren schon seit 1806 sehr ergeben, da zwischen dem Kaiser und dem Höfling eine gewisse Gleichartigkeit der Charaktere bestand. Das tiefe Dunkel, in welches Metternich die Pläne Österreichs während des französischen Krieges gegen Rußland und sogar noch während des Kongresses von Prag zu hüllen verstand, wird als das Meisterstück seiner Diplomatenkunst gepriesen. Metternich kannte genau die geradezu kleinbürgerlichen Anschauungen Napoleons über seine Ehe mit Maria Luise, und es fiel ihm deshalb nicht schwer, den Franzosenkaiser während des Kongresses von Dresden, im weiteren Verlaufe des Feldzuges, während des Waffenstillstandes und auf dem Prager Kongreß so lange hinzuhalten, bis die österreichischen Armeen aufgerüstet dastanden und die Maske fallengelassen werden konnte. Napoleons Stolz und ungezügelter Egoismus, die ihn daran hinderten mit anderen als mit seinen eigenen Augen die Dinge zu sehen, trugen mehr zu seiner Täuschung und zu seinem Sturz bei, als Metternich selbst. Beleidigter Stolz verleitete Napoleon, seinen Botschafter, Grafen Narbonne, abzuberufen, den einzigen, der die Pläne Metternichs durchschaute. Der Ersatzmann war höchst unglücklich gewählt: der stolze, draufgängerische Caulaincourt, ein Sklave seines Herrn, aber blind für alle Prager Vorgänge, schöne Pferde ausgenommen. Metternich entwickelte sich zum Werkzeug Alexanders und, wenn er von diesem nicht selbst getäuscht wurde, so muß wohl Schlimmeres im Spiele gewesen sein. Metternichs Einfluß auf Schwarzenberg war es zu danken, daß dem Wunsch des Zaren nach dem Vormarsch auf Paris Folge gegeben wurde, der den Krieg mit einem Schlag beendigte. Alexander spielte die Partie in Paris so meisterhaft, daß die Nachrichten von der Einnahme der Hauptstadt und der Abdankung Napoleons im Hauptquartier des Kaisers von Österreich gleichzeitig eintrafen.

Als Metternich eines Tages die Pläne der Heiligen Allianz dem Fürsten von Wittgenstein entwickelte, bemerkte dieser: „Fürst, das wird böses Blut machen!", worauf Metternich erwiderte: „Ach, das sind bloß Phantasien." – Hierin hat Metternich geirrt; wenn er auch Fürsten und Hofleute besser als irgend jemand anderer kannte, die Völker hat er nicht richtig eingeschätzt. Wie Napoleon die Legitimisten und ihre Anhänger verkannte, und sich dadurch selbst das Grab gegraben hat, so brachte die Heilige Allianz und das völlige Bekenntnis Metternichs zu ihren Grundsätzen Österreich mehr Schaden, als die Treulosigkeit seines Ministers hätte fruchten können.

Metternichs Äußeres ist anmutig, aber mit einem Zug ins Weibliche. Eine breite Stirn, eine edel gezeichnete Nase, schön geformte blaue Augen, ein ansprechender Mund, der immer ein Lächeln bereithält, und eine gute Gestalt machen die Erscheinung des österreichischen Staatskanzlers aus. Niemand versteht diese Gaben besser anzuwenden als er. Mit seiner Anmut, seinem *sans-gêne*, nicht im mindesten von Hemmungen, wie Religion, Moral oder Prinzipien beschwert, wird er in der liebenswürdigsten Weise einen Kreis von fünfzig und mehr Menschen unterhalten oder das wüste Leben und die Tollheiten seiner Standesgenossen oder Gebieter mitmachen. Gleichzeitig aber wird er, den Vergnügungen, Fehlern und Steckenpferden seiner Genossen entsprechend, seine Entschlüsse aufzubauen wissen. In der Kunst, die Schwächen Höhergestellter zu erkennen und – was noch schwerer ist – sich ihren Schwächen unentbehrlich zu machen, ist er unbestrittener Meister. Inmitten der lärmenden Festlichkeiten des Wiener Kongresses wurde plötzlich der Kaiser von Rußland über das rauschende Bacchanal müde. Dies brachte den Staatskanzler natürlich in große Verlegenheit. Er mußte die Abreise Alexanders befürchten, die ihn um die Früchte seiner fein ausgesponnenen Pläne gebracht hätte. Tief vertraut mit den schwachen Stellen seines neuen Gönners, hatte er genau bemerkt, daß diesem ein neues Reizmittel sehr gut-tun würde. Mit einem Schlage wurden die pomphaften Karussells, Bälle und Gastmähler durch kleine, intime Abendgesellschaften Metternichs ersetzt, bei welchen die schöne Prinzessin von Sagan, geborene Prinzessin von Kurland, als Königin der Feste fungierte. Die Familie der Prinzessin sah jedoch die Dinge mit anderen Augen an, und der Versuch Metternichs mißlang. Mit der gleichen Bereitwilligkeit, mit welcher die Prinzessin an diesen kleinen Festen teilgenommen hatte, entzog sie sich ihnen, verließ Wien und begab sich aufs Land. Alexander folgte ihr, und die schöne Flüchtige war neuerlich genötigt, vor ihrem Verfolger zu entweichen. Dies machte sich Metternich zunutze, und später waren es hauptsächlich die Reize dieser Dame, welche Alexander bewogen, den langweiligen Kongressen von Troppau und Laibach beizuwohnen.

Zweifellos schuldet Österreich Metternichs Strategien seine Vergrößerung und seine geographische Abrundung. Venedig, Mailand und vor allem Tirol und Salzburg sowie das Gebiet, dessen Abtretung er von Bayern so wirksam forderte, sind sehr wichtige Erwerbungen. Österreich bildet nun einen geschlossenen Körper von Königreichen und Provinzen mit mehr als 30 Millionen Einwohnern und einer bedeutenden Meeresküste. Wären die Interessen dieser Monarchie in den richtigen Händen und wohl verwaltet, so könnte sie mit den stärksten Mächten auf dem europäischen Festland mithalten. Warum Metternich es geduldet, ja sogar dazu beigetragen hat, daß Österreich von der Gnade Rußlands lebt, dem es heute möglich wäre, nach einer einzigen gewonnenen Schlacht mit seiner Armee vor den Toren Wiens zu erscheinen und dadurch das Kaiserreich in zwei Teile zu zerschneiden, ist zu schwierig, um hier erklärt zu werden, weshalb wir auf eine Fußnote verweisen.[30] Das Verhältnis Österreichs zu Rußland wird tatsächlich von Tag zu Tag kritischer. Seit den Tagen Katharinas der Ersten betont die russische Politik die Glaubensgemeinschaft zwischen Rußland und den einstigen türkischen Provinzen Moldau, Walachei, Serbien, Bosnien, Bulgarien, Kroatien und Dalmatien. In diesen Gebieten regieren jetzt eigentlich die russischen Konsuln; die Macht des Halbmondes ist dort fast ganz gebrochen, und die Bewohner sind in der Tat eher russische als türkische Untertanen. Früher oder später werden diese Provinzen dem russischen Koloß einverleibt werden und mit Griechenland, Rußlands natürlichem Verbündeten, eine einzige Front bilden, welche Österreich fesselt, ganz Europa bedroht und das Mittelmeer beherrscht. Dann ist aber auch das Schicksal von Ungarn, Siebenbürgen, Kroatien und Dalmatien entschieden.[31]

Die Ungarn wieder, oder, wie sie sich nennen, die Magyaren, sind der dreizehnte Stamm des finnischen Volkes, von dem zwölf kleinere Stämme in Rußland leben. Mehr als vier Millionen der Bewohner Ungarns gehören der griechischen Kirche an. Gleichgültig, wie sie mittlerweile dem Haus Österreich gegenüberstehen, könnten sie sich leicht für Rußlands Interessen gewinnen lassen, und das Schicksal Ungarns und natürlich auch Österreichs wäre zweifellos jenes: es fiele an Rußland. Um seine Politik zu stärken, bevorzugt Metternich die Türken und fördert sie nach Kräften. Bei Lebzeiten Alexanders geschah dies nur heimlich, seit dessen Tode wird dies hingegen ganz offen durch Demonstrationen und Truppenentsendungen nach Polen betrieben.

Daß die österreichischen Nationen wie alle übrigen Völker eine Konstitution anstreben, wird nach den Vorgängen in Ungarn, Böhmen, Italien und Tirol niemand mehr bestreiten. Abgesehen davon, daß jede Verfassung für Metternich und seinen Herrscher bloß Abscheu bedeutet, wollen diese Völker vor allem ihre alte historische Konstitution. Böhmen ruft nach der ihm von Rudolf II.

verliehenen Verfassung, Ungarn würde jede andere Konstitution als seine eigene verschmähen, und Tirol wünscht, daß sein Herrscher, auf dem Krönungsstuhl sitzend unter freiem Himmel, in der Nähe von Innsbruck den Eid leiste, so wie dies die Tiroler Grafen im 12. Jahrhundert taten. Venedig seufzt nach seinem Dogen, Mailand nach seinem Herzog. Allen diesen verschiedenen Bestrebungen und Wünschen zu genügen würde noch größere Wendigkeit erheischen als jene, die Metternich so beherrscht. Der einfachste und kürzeste Weg zur Heilung dieser Übel schien ihm die Absperrung Österreichs vor solcher Infektion und, wenn möglich, die Unterdrükkung schlechter Beispiele zu sein. Deshalb hat man den König von Neapel aus seiner Hauptstadt entfernt, Piemont mit österreichischen Soldaten überschwemmt, die Franzosen ihre Expedition nach Spanien unternehmen lassen.[32] Aus demselben Grund hat man die Verfassung in den deutschen Ländern so lange umgestaltet, bis sie zu harmlosen Spielereien und für ihre Nachbarn, die Böhmen und Mährer, ungefährlich wurden.

Die Methode Metternichs zur Durchführung seiner Maßregeln ist jedenfalls einzigartig. Zur genauesten Kenntnis aller führenden Personen, mit denen er zu tun hat, kommt eine nicht minder erstaunliche Schlauheit in der Auswahl seiner Werkzeuge hinzu. Er hat eine ganze lebende Galerie von „Metternichianern" herangebildet. Als Beweis dafür sind die von ihm ausgesandten Botschafter zu sehen. Wie eine ungeheure Spinne hat er sein Netz über ganz Europa gespannt; seine Spione sitzen in jeder Hauptstadt.[33] In Portugal hält er es mit den Miguelisten, in Spanien, Frankreich und Italien geht er mit den Aristokraten und Geistlichen, in Konstantinopel ist er mit dem Sultan ein Herz und eine Seele: so bestimmt er die Geschicke Europas mehr als irgend jemand anderer, oder richtiger gesagt, widersetzt er sich dem Werdegang unseres Weltteiles. Als Diplomat und politischer Intrigant hat er, das dürfen wir feststellen, keinen Rivalen; aber genau dort endet auch sein Können. Wo mehr als Ränke oder Kunstgriffe erforderlich sind, verläßt ihn sein Genie. Als Staatsmann – wenn man mit diesem

Worte einen Mann bezeichnet, der die wahren Interessen seines Fürsten und seines Landes vertritt, und nach einem großen Plan handelt – ist er ziemlich unbedeutend.

Die besten Mittel, Österreich zu regieren, sollen hier nicht untersucht werden, ja es sei sogar zugestanden, daß die Völker des Kaiserstaates noch nicht reif genug sind, um konstitutionell regiert zu werden. Eine Konstitution, die entweder einem schwachen Fürsten mit Waffengewalt abgezwungen oder von diesem aus durchaus freien Stücken gegeben wurde, bleibt ein nutzloses Blatt Papier und kann von dem Volke nicht entsprechend in Anspruch genommen werden, solange die Grundlagen für ihre Anwendung nicht gegeben sind: angemessene Verteilung des Besitzes und entsprechende Bildung. England hat erst dann einen dauernden Nutzen von seiner ausgezeichneten Verfassung gehabt, als die Feudalmacht seines Adels gebrochen wurde, der Besitz gleichmäßiger verteilt war und die ganze Nation an der Aufklärung teilnahm. Frankreich folgte auf dem gleichen Wege. Deutschland besitzt Bildung, aber die Schritte, die in Preußen während der Ära des Freiherrn vom Stein in Preußen gesetzt wurden, sind durch die Reaktion wieder aufgehoben. Das übrige Deutschland besteht bloß aus einer Ansammlung großer Schlösser, die Edelleuten gehören, die Könige und Fürsten benannt werden. Ihre Untertanen sind nur wenig besser dran, als Leibeigene. Österreich kennt nur immense adelige Besitzungen und winzige Landflecken, die Bauern gehören. Zwischen diesen beiden Extremen, Reichtum und Bildung, Armut und Unbildung, fehlt als verbindendes Element ein drittes, der Mittelstand. Große Staatsmänner wie zum Beispiel Chatham-Pitt, Sully, Colbert oder Stein hätten die ungeheuren Krongüter, die Güter des Religionsfonds, des Studienfonds und der Klöster an die Nation verkauft, und das hätte einen Mittelstand geschaffen und die Grundlagen für eine gefestigte und moralisch gedeihliche Zukunft. Gleichzeitig hätten sie eine vernünftige Aufklärung gefördert. Der Arbeitsplan der früher genannten Politiker hätte des weiteren eine paternalistische Verwaltung umfaßt: Milderung des despotischen Drucks, Einschränkung der Staatsausgaben, Festigung des Geldwesens, Sicherheit in der Rechtsprechung und Achtung vor dem verpfändeten Wort, um einer besseren Zukunft den Boden zu bereiten. Der großen Anhäufung von Provinzen, die Österreich heißt, wäre am besten gedient gewesen, wenn der Kaiser niemals abgewichen wäre von der Richtung, die er bis 1811 eingehalten hatte.

Metternich wählte gemäß seinem Charakter einen anderen Weg: sich den Zeitströmungen durch Verwüstung der Moral entgegenzustemmen. Die Folgen davon sind ein allgemein verbreiteter Haß Österreichs durch die europäischen Nationen, eine Scheu und stille Feindschaft anderer Höfe, die zurückzuführen ist auf eine Politik, die Ehre und Prinzipien weitgehend vernachlässigt. Allein und vereinsamt steht Metternich mit seiner Staatskunst da, nur von dem österreichischen Heere, seinen Spionen und Verbündeten gestützt.

Wie glänzend auch Österreichs Stellung und Politik dem Ausland erscheinen mögen, – ein beobachtender Reisender, der von höheren Kreisen nicht ganz ausgeschlossen ist, wird bald herausfinden, daß Österreich einer Krise viel näher ist als jedes andere Land. Es wird zwar kaum zu einem gemeinsamen Aufstand nach einem vorgefaßten Plan kommen, um mit Waffengewalt dem Volk seine Rechte zu erringen. Dazu sind nämlich die Provinzen zu scharf überwacht und stehen auch zu sehr in Opposition zueinander. Die Böhmen würden nicht zögern, gegen die Ungarn zu marschieren, die Polen gegen die Italiener und die Österreicher selbst heute noch gegen all die Genannten. Aber gerade ein Minister, dessen System auf Verderben ausgerichtet ist, das Vertrauen, Ehre und feste Grundsätze mißachtet, das Vermögen der Nation vergeudet und die Mittel der deutschen Erblande lahmlegt, scheint dazu ausersehen zu sein, den Weg zu jener großen Emanzipation zu bereiten, auf die Europa unaufhaltsam zustrebt, – und das zu einer Zeit, in der die stolzen Ungarn es müde sind, weitere Eingriffe in ihre Verfassung zu dulden und sich einer Politik und einer Regierung schämen, die sich nur durch Gewalt und Intrigen vor der allgemeinen Verachtung schützt.

Metternich ist sicher ein sehr begabter Mann, aber seine Politik ist furchtbar konsequent, und niemals zuvor hat es einen gefährlicheren Feind der menschlichen Freiheit gegeben. Und doch sind seine Kenntnisse gänzlich oberflächlicher Natur; er ist ein ziemlich schlechter Jurist und vollkommen schwachsinnig in finanziellen Angelegenheiten. Den ersten Schritt, den man in Österreich tat, die Einführung der doppelten Papierwährung, beweist in der Tat, daß in keinem anderen Land eine schlechtere Finanzverwaltung existiert als hier. Metternichs Haltung ist die eines Höflings im schlechtesten Sinn des Wortes. Er besitzt Selbstbeherrschung in den schwierigsten und unangenehmsten Lagen und sicheres Feingefühl für Beurteilung von Charakteren. Leicht gelingt es ihm, in die Geheimnisse und das Vertrauen seiner Vorgesetzten einzudringen, und über allem verfügt er über eine unnachahmliche Liebenswürdigkeit in der Lüge verbunden mit einer Sicherheit, die kein anderes menschliches Wesen zu erschüttern vermag, – dies wären seine wichtigsten Charakterzüge. Auf einem seiner Empfänge oder, richtiger gesagt, Hoftage, die er ebenso regelmäßig abhält wie der Kaiser seine großen und kleinen Audienzen, fragte er den bayerischen Gesandten in der an ihm so bekannten Art: „Ihr König scheint ja liberalen Ideen sehr zugetan zu sein?" Der Gesandte war in Verlegenheit, schwieg jedoch. – „Und den Griechen auch" – Wieder keine Antwort. – „Ein wenig mehr Vorsicht würde nicht schaden, sonst würde uns Seine Bayerische Majestät zu Maßregeln zwingen, die ihr Mißfallen erregen könnten. Sie sollten das Seiner Majestät mitteilen."

Der neue König von Bayern hatte gerade zu dieser Zeit mehrere liberale Regelungen erlassen und diese, nebst seinem Eintreten für den griechischen Freiheitskampf, mißfielen Metternich sehr. Der Gesandte fühlte sich verpflichtet, seinem Gebieter die Andeutungen des Staatskanzlers zu berichten. Der gekränkte Monarch befiehlt hierauf, Metternich folgendes zu bestellen: „Der König von Bayern ist als Regent nur Gott und seinem Gewissen Rechenschaft schuldig und bittet den Fürsten Metternich, dies zur Kenntnis zu nehmen."

Daraufhin sandte Metternich sofort einen Kurier mit dem Ausdruck der höchsten Bestürzung und Verwunderung über diese Botschaft nach München und betonte, daß er es niemals gewagt hätte, auch nur die geringste Meinung über die Maßnahmen eines so weisen Monarchen zu äußern. Gleichzeitig findet er bittere Worte für das unziemliche Auftreten des bayerischen Gesandten. Dieser behält *natürlich* unrecht und wird abberufen und ein anderer auf seine Stelle entsandt. Wo eine solche Politik vorherrscht, verliert jede offene Opposition ihren Sinn. Der österreichische Adel weiß dies und zahlt es ihm und seinem Herrn mit gleicher Münze zurück.

Siebentes Kapitel

Der österreichische Adel. – Vornehmes Leben in Wien.

Österreichs Adel ist gegenwärtig bei Seiner Majestät zwar nicht in Ungnade gefallen, aber er befindet sich nahe daran. Wir können es wohl mit den Worten des Herzogs von Ormonde sagen, „daß niemandes Einfluß bei Königen und Ministern geringer ist als der ihre". Ihre Macht, die sie bis zum Jahre 1811 genossen haben, gründete auf ihrem großen Grundbesitz, der über zwei Drittel des österreichischen Bodens umfaßte. Daraus erwuchs ein Übergewicht des Adels in militärischen und politischen Fragen, das er für seine Interessen nutzte.

Die Aristokratie bildet in Österreich eine Art Brücke zwischen morgenländischer Sklaverei und westlicher Freiheit. In seinen deutschen und böhmischen Erbländern wird der Kaiser als ein unumschränkter Herrscher wie der Zar angesehen. Doch während dieser die erste Familie seines Landes jederzeit aus ihrem Rang und ihren Gütern entfernen kann, hat das Haus Österreich, von einem Adeligen begründet, seinen Besitz nicht durch Eroberung, sondern durch Heirat und Mithilfe des Adels erworben. Dies hat der kaiserlichen Macht Grenzen gezogen, die in Ungarn besonders fühlbar sind. Dem jetzigen ruhigen Zustand des Kaiserstaates sind häufig Aufstände vorangegangen, in welche die höchsten Adeligen verwickelt waren. Die Namen Wallenstein, Schlick, Frangipan usw. sind jetzt noch schreckensvolle Erinnerungen für das kaiserliche Haus. Trotzdem war der Einfluß dieser Familien so groß, daß es ihnen gelang, den Besitz ihres Ranges und ihrer Güter zu wahren, obwohl die Anstifter dieser Revolten die Todesstrafe erlitten. Kluge Schonung durch den Kaiser hat die Nachkommen der Rebellen an ihn gefesselt, und ihre Interessen, gebunden an jene des Kaiserhauses, sind die stärksten, und man darf es sagen, die einzigen Bürgschaften für die Treue der verschiedenen Provinzen. Der jetzige Kaiser hat in seiner Gedankenlosigkeit und Gleichgültigkeit für den wirtschaftlichen Zustand des Reiches den Adel seit 1811 tatsächlich zur Seite geschoben. Die Macht liegt nun in den Händen Metternichs. Ob ein Heer nach Neapel oder Polen entsendet wird, entscheidet er allein, ebenso über die ganze sonstige Politik und den Grad der Befugnisse, mit dem Minister oder Statthalter ausgestattet werden. Der Adel ist heute nur mehr eine schöne Verzierung des Hofes und dient der Prachtentfaltung und dem Stolz des kaiserlichen Hauses daheim und im Ausland. Die Folge dieser Konzentration von Macht machte sich bald und ausgiebig fühlbar. Kaum war der frühere Einfluß der österreichischen Oligarchie, des ungarischen, des böhmischen und deutschen Adels, durch den Staatskanzler gemindert, als Ungarns Adel und Volk ihre rechtmäßige Verfassung einforderten und sich zum Kaiser in einen Gegensatz stellten, der ihm wenig und seinem Kanzler noch weniger gefiel.

Diese Haltung brachte den Ungarn Erfolg, und sie erkämpften sich wieder ihre alte Verfassung, die lange Zeit außer Kraft gewesen war. Während sich dies in Ungarn vollzog, bemühten sich die böhmischen Adeligen, in Ermanglung gleicher Mittel, den nationalen Geist ihres Landes zu sammeln und zu kräftigen. Sie gebrauchten jene Mittel, über welche sie verfügen: Stiftung von Museen, mathematischen, technischen und wirtschaftlichen Schulen. Der Kaiser und der Kanzler erkannten sehr wohl diese vornehme, aber gefährliche Strömung und ihre Ziele. Sie arbeiteten ihr mit jenem Eifer und mit der gleichen Kunst entgegen, welche die gegenwärtige österreichische Regierung charakterisieren. Der Erzherzog Franz Karl, das genaue Ebenbild seines Vaters, nur liebenswürdiger in der Erscheinung, wurde als Vizekönig nach Böhmen geschickt und mit dem Auftrag versehen, dieses Volk zu versöhnen, aber auch zu überwachen. Wie Metternich in Wien eine Schule zur Erziehung und Demoralisierung des Adels unterhält, gibt es in jeder Provinzhauptstadt eine oder mehrere Familien aus dem Hochadel, welche die Doppelrolle zu spielen haben, als Agenten Metternichs die Opposition zu bekämpfen und die Widerspenstigen zur Verschwendung und Vergeudung aufzumuntern, um derart die Aufmerksamkeit des Adels von Politik und ernsten Tätigkeiten abzulenken.

Von den 300 hochadeligen Familien des Kaiserstaates leben ungefähr 150, dem Wunsche des Kaisers gemäß, ständig in Wien. Dadurch wird der Glanz der Hofhaltung erhöht, aber es sind auch politische Gründe maßgebend. Diese können als Repräsentanten des gesamten österreichischen Adels betrachtet werden und sind durch vielfache Familienbeziehungen untereinander verbunden. Die führenden Adelsfamilien sind die Fürstengeschlechter der Liechtenstein, Schwarzenberg, Lobkowitz, Esterházy und Czartoryski.[34] Den Häuptern dieser Familien gebührt die Bezeichnung „regierende Fürsten", sie sind sozusagen von Geburt Ritter des Goldenen Vlieses. Sie verfügen über selbständige Hofhaltungen, und einige halten sich sogar Leibgarden. Ihre höheren Beamten führen die Titel von fürstlichen Geheimräten oder Hofräten. Die Lebensführung dieser mächtigen Vasallen liegt nicht weit unterhalb jener des Kaisers. Ihren Reichtum kann man daran messen, daß auf den Gütern des Fürsten von Liechtenstein nicht weniger als 720.000 Untertanen und Bauern sitzen. Seine Fürstentümer bedecken zwei Drittel von Schlesien, und dieser Edelmann kann 100 Meilen weit von Schlesien durch Mähren und Niederösterreich auf eigenem Grund und Boden reisen. Obwohl mit ungeheuren Schulden belastet, verfügt der Fürst Esterházy noch immer über ein Einkommen, das den vereinigten Zivillisten der Könige von Bayern, Sachsen und Württemberg gleichkommt.

Als Vermittler zwischen dem Monarchen und den Untertanen werden diese Familien sogar vom Kaiser mit einer gewissen erstaunlichen Rücksicht behandelt. Großer Einfluß auf ihre Landsleute, besonders in Ungarn, und ein großes Vermögen werden bei einem Regenten wie Franz I. diese gnädige Stimmung immer zu erhalten wissen. Diesen höchststehenden Häusern folgen dann die übrigen alten ungarischen, böhmischen und österreichischen Fürsten- und Grafengeschlechter. Mit Ausnahme der englischen Aristokratie hat keine andere ein so zweifelloses Recht auf Achtung wie diese. Die Namen der Kinsky, Batthyány, Nádasdy, Starhemberg, Thun, Sternberg und Dietrichstein sind innig verflochten mit den glänzendsten Zeiten ihrer Nationen, und es gibt in Österreich nicht eine einzige alte Familie, die ihre Adelsbriefe den gleichen Ursachen verdankte wie manche italienische oder sogar französische.[35]

Überall verdienen Stetigkeit und unerschütterliches Festhalten an Grundsätzen Anerkennung. Mit Beharrlichkeit haben die von Napoleon so gefürchteten österreichischen Adeligen dem Kaiser zum Kampfe gegen die Französische Revolution und deren Führer geraten und in diesen Kriegen mutig für ihre Rechte und Grundsätze gefochten. Obwohl ihren Anstrengungen und Opfern der Erfolg versagt blieb, sind sie darum nicht minderen Lobes würdig. Gemeinsam mit England haben sie ihre Sache geführt. Nicht weniger ehrenvoll ist es, daß die österreichische Politik ob ihrer Ehrlichkeit allgemein anerkannt und geschätzt wurde, solange die Adeligen Einfluß auf den Kaiser besaßen. Ihr Land war die Zufluchtstätte der Unterdrückten und Verfolgten. Als aber Metternich ans Ruder gelangte, wurde Österreich der Abscheu der gesitteten Welt. Wegen ihrer Treue zum angestammten Fürsten übte die Französische Revolution auf die österreichischen Adeligen heilsamen Einfluß. Die gleichen Familien, welche 50 Jahre vorher gemeint hätten, nicht adelig zu sein, wenn ihre Wäsche und Garderobe nicht aus Frankreich kämen, fördern jetzt den heimischen Gewerbefleiß mit wirklich rühmlichem Patriotismus.

Wie ertragen nun diese Familien ihre gegenwärtige Zurücksetzung? Gerade so, wie dies unabhängige, von Natur aus mächtige, in Ungnade gefallene Adelige tun: Nichts anderes als großstädtischer Stil und Höflichkeit kann gesehen und vernommen werden. Sie besuchen regelmäßig (wenn auch mit vielen Ausnahmen) die Salone Metternichs, der diese ihre Höflichkeiten erwidert. Keine Verachtung, keinen Haß, keine boshaften Unterstellungen lassen sie diesen Eindringling merken, nur hie und da muß er eine bittere Pille schlucken. Wer nicht tiefer auf die Umstände sieht, möchte annehmen, alles sei aufs beste bestellt, obwohl hier in den höflichsten Formen gesellschaftlicher Krieg geführt wird. Die Adeligen handeln nämlich als Männer, die genau wissen, mit wem sie zu tun haben, – mit einem Minister, von dessen Lippen Honig träufelt, der aber im Herzen nur Gift bereithält. Den Honig verteilt er selbst, das Gift jedoch läßt er seinen Herrn verspritzen, der in gütigster und väterlichster Weise die ärgsten Dinge spricht und auch vollzieht.

Das Wesen der jetzigen Regierung hat viele dazu verleitet, allem Österreichischen gegenüber ungerecht zu sein und, was noch schlimmer ist, Volk und Regierung miteinander zu verwechseln. Aber der Abstand zwischen einem bedürftigen deutschen Adeligen, der Metternich zu Kreuze kriecht, und einem österreichischen Grafen ist so groß wie der zwischen dem verdächtigen Glücksjäger und einem unabhängigen englischen Edelmann. Nach der größeren oder kleineren Abhängigkeit von Metternich richtet sich das Barometer der Wertschätzung des österreichischen Adels im Lande selbst. Auf dem Nullpunkt des Ansehens stehen die Handlanger Metternichs, die Apponyis in Paris, die Münch-Bellinghausen in Frankfurt usw.; ebenso tief stehen die Lebemänner aus Metternichs unmittelbarer Umgebung, Wüstlinge wie T … f, K … z, sein eigener Schwager usw. – In diesen Kreisen findet man die perfekte Skrupellosigkeit vollendeter politischer und sittlicher Roués, die, auf 16 Ahnen und die *chronique scandaleuse* ganz Europas gestützt, jene Sicherheit des Auftretens erworben haben, die sie niemals in Verlegenheit oder zum Erröten bringt, auch dann nicht, wenn ihr vollständig verdorbenes Blut dessen noch fähig wäre. Diese Kreise sind in Wirklichkeit ein getreues Ebenbild der französischen Koterien zur Zeit Ludwigs XV., jedoch belastet mit der Schwerfälligkeit und Sinnlichkeit, die einen österreichischen Lebenskünstler kennzeichnet.

Der gesunde Teil der österreichischen Aristokratie, der nationale Adel, ist sicher achtenswert. Wenn wir den ungarischen Adel einmal ausnehmen, so fehlt ihm jedoch jenes Bewußtsein wirklicher Bedeutung und Würde, das den englischen auszeichnet. Es herrscht hier eine laue, wechselhafte Zaghaftigkeit oder besser Schüchternheit, das Resultat eines unterdrückenden Systems, vor, das eben nicht zuläßt, das Haupt höher zu erheben, als für angemessen gehalten wird. Dagegen ist der österreichische Adel nicht so leichtlebig wie der französische und gebildeter als dieser. So wurde beispielsweise Fürst Schwarzenberg von seinem Pariser Botschafterposten abberufen, um während der Befreiungskriege die vereinigten österreichischen, russischen und preußischen sowie sonstigen deutschen Heere ruhmvoll zu führen. Als hervorragende Generale traten ferner in Erscheinung: die Fürsten Liechtenstein, Vater und Sohn, die Bubna, Nostitz, Colloredo, Degenfeld und Merveldt. Man muß anerkennen, daß die Franzosen, bei aller Abneigung gegen die österreichische Regierung, die Menschlichkeit jener österreichischen Generale gepriesen haben, die in den eroberten italienischen und französischen Provinzen Requisitionen durchführten, als die unendliche Leere der kaiserlichen Kassen sie dazu zwang. Es ist leicht für uns in England, unabhängiges Benehmen und mannhaften Widerstand gegen die Despotie zu predigen. Doch kommen wir nach Österreich und halten dort nur mitfühlend Umschau! Wenn uns der Schrecken nicht lähmt, werden wir mit größtem Erstaunen merken, wie der Adel dieses Landes noch immer Sinn für Ehre und Grundsätze hat und teils offen, teils still gegen die an ihm versuchte völlige Entwürdigung ankämpft, obwohl er auf dem Schwimmsande einer feigen Despotie steht und von dessen Maschinerie geradezu belagert wird. In keiner Monarchie haben die Herrscher alles in allem für die Künste und Wissenschaften weniger getan als die Habsburger in Österreich; dagegen gibt es kaum ein Land, wo der Adel mehr getan hätte. Wir dürfen nicht von jedem Aristokraten die feine Kennerschaft eines Goethe, Winckelmann oder Böttiger erwarten. Aber es gibt keine andere Hauptstadt, wo der Adel so viele prächtige Galerien und Museen unterhält wie in Wien. Die Gemäldesammlungen der Liechtenstein, Esterházy, Lamberg und Schönborn zählen zu den hervorragendsten im ganzen Land.

Die österreichische Artillerie wird als eine der besten der Welt bezeichnet. Ihre Offiziere sind gebildete, ernste und ehrenwerte

Männer. Seine jetzige Vollkommenheit verdankt dieses Korps einem der Liechtensteine, der auf eigene Kosten – und es waren ungeheure – eine Reform dieser Waffengattung durchführte. Er gründete Schulen und beschaffte Lehrbücher und Instrumente für die ganze Artillerie. Auf ihrem Fürstentum in Krumau in Böhmen unterhält die Familie Schwarzenberg eine landwirtschaftliche und gewerbliche Lehranstalt mit wahrhaft fürstlichem Aufwand. Noch wichtiger ist freilich die Einrichtung des Grafen T., von der wir im nachfolgenden Abschnitt sprechen wollen. Die Leistungen der Sternberg, Kolowrat, Dietrichstein, Boucquoy sind ebenfalls weithin bekannt. Die Lebensführung dieser Klasse von Adeligen, auch in Wien, ist der kaiserlichen Hofhaltung getreulich nachgebildet. Genau wie dort spielt sich das Leben so regelmäßig ab wie zur Zeit des Kaisers Leopold I., nur wird jetzt großer Prunk entfaltet, mehr Schmuck und Juwelen werden zur Schau gestellt. In den adeligen Häusern finden wir eine Verschmelzung von allen entzückenden Dingen, von Solidität alter Vornehmheiten und modernem Geschmack. Das Bild des großen Lebens in Österreich ist weniger bewegt als in Frankreich, aber fester begründet. Man findet weniger Extravaganz und weniger Abwechslung als in Paris, aber viel mehr Wirklichkeit. Es ist diese Beständigkeit, die durch die Jahrhunderte den Reichtum des österreichischen Adels bewahrt hat, der durch die letzten Katastrophen wenig beeinträchtigt wurde. Der Adel in Frankreich und in Deutschland ist dagegen mehr oder weniger verarmt.

Französisch ist noch immer die Lieblingssprache dieser Kreise, aber weniger aus Gleichgültigkeit oder Verachtung für die deutsche, ungarische oder böhmische Muttersprache als aus der Notwendigkeit heraus, sich einer Sprache zu bedienen, die der Dienerschaft unverständlich ist, und die den Sprecher nicht der Gefahr aussetzt, jedes Wort der Geheimpolizei hinterbracht zu wissen.[36] Französische Manieren haben weitgehend an Glanz verloren, obwohl ein Anflug davon in der Wiener Gesellschaft noch sichtbar ist.

Fast jeder österreichische Adelige liest und schreibt vollkommen englisch, französisch und italienisch. Meistens werden auch die

Zeitungen dieser Länder gehalten, da das allgemeine Zeitungs-einfuhrverbot Ausnahmen zuläßt.

Die Kinder der österreichischen Adelsfamilien werden fast aus-nahmslos im Elternhause erzogen. Jede Familie hat mindestens einen Juristen oder Theologen als Hauslehrer, der die Erziehung der jungen Familienmitglieder leitet. Während die jungen Mädchen in Religion, Schönschreiben, Zeichnen, Musik und Tanz unterrichtet werden, studieren die Knaben unter Aufsicht des Hauslehrers ihr Latein und andere Fächer nach dem Gymnasiallehrplan, der ihnen häufig von Lehrern öffentlicher Schulen vorgetragen wird. Zweimal jährlich werden die Kinder von staatlichen Professoren geprüft. Selbst der philosophische Studiengang wird häufig privat vermit-telt. Obwohl diese Hauslehrer nicht mehr lehren können, als sie selbst wissen, sind sie doch meist gebildete Menschen, und ihre Zukunft hängt oft völlig von den Fortschritten ihrer Schüler ab. Die jungen Adeligen sind daher nicht auf das bloße Auswendig-lernen angewiesen; sie gewinnen auch mehr Einblick in die Lite-ratur und können daher eine höhere Bildung erwerben als ihre übri-gen Landsleute.

Eine solide hochadelige Familie wird gewöhnlich zwischen sechs und acht Uhr morgens aufstehen, wenn nicht ein Ball oder eine Abendgesellschaft längeren Schlaf verursacht. Ein oder zwei Scha-len Kaffee und eine Semmel bilden das gewöhnliche Frühstück, das im Familienkreise eingenommen wird. Nur die Knaben des Hauses speisen in Gesellschaft ihres Erziehers. Die Vormittagsstunden ge-hören der Arbeit. Der Hausherr empfängt seinen Hofrat oder Do-mänendirektor, was immerhin zwei bis drei Stunden wegnimmt. Sodann werden die englischen, französischen und deutschen Zei-tungen gelesen.[37] Indessen ist die Dame des Hauses in ihren Ge-mächern mit der Leitung des Haushaltes beschäftigt gewesen. Danach liest, schreibt oder malt sie und macht Toilette. Um zwölf Uhr beginnen die Besuchsstunden. Die Dame macht Visiten oder empfängt Besuche, an welchen ihr Gemahl selten teilnimmt, da meist getrennte Gemächer zur Verfügung stehen. Auch besitzt jeder

der Ehegatten seine eigene Equipage. Um zwei Uhr nachmittags unternimmt die Dame des Hauses gewöhnlich ihre Ausfahrt, begleitet von ihrem Gemahl oder einer Gesellschaftsdame in den Augarten, Prater oder zum Glacis. Um drei Uhr diniert die ganze Familie mit Ausnahme der Knaben, welche nur am Sonntag mit ihren Lehrern an der Mittagstafel teilnehmen dürfen. Dann folgt wieder eine Ausfahrt und um sechs Uhr die „Jause" aus Tee und Früchten, das Abendbrot. Ein Theaterbesuch oder eine Abendgesellschaft beschließt nach entsprechendem Toilettenwechsel den Abend. Ein Abend bei Hof oder eine große Gesellschaft verändert natürlich die Tagesordnung.

Größere Tafeln werden meist auf drei Uhr angesetzt. Hierzu wird man durch Karten eingeladen, die, je nach dem Rang des Gastes, acht oder zwei Tage vorher zugestellt werden. Ist der Geladene ein Fürst, so läutet bei seiner Ankunft der Portier dreimal mit der Hausglocke, bei einem Grafen oder Freiherrn zweimal, bei einfachen Adeligen oder anderen Besuchern nur einmal. Im Stiegenhause stehen zwei Diener oder Jäger in reichen Livreen mit goldenen Fangschnüren oder Epauletten. Sie öffnen die Türen. Einer davon nimmt den Hut und den Mantel des Gastes, geleitet ihn durch eine Reihe von prächtigen Räumen zum Empfangssaal der Dame des Hauses und meldet ihn an. Diese empfängt den Gast sitzend mit einem leichten Kopfnicken und den Grußworten „Seien Sie herzlich willkommen!". Ist der Besucher mit der Familie bekannt, darf er ihr die Hand küssen. Nach einigen Minuten Konversation werden die Türen des Speisezimmers geöffnet, und das Mahl beginnt. Gewöhnlich besteht die Gesellschaft aus einer gleichen Anzahl von Herren und Damen. Es können zwölf, zwanzig oder vierzig Gäste eingeladen werden, nur dreizehn dürfen es nie sein. Der Hausfrau gebührt der oberste Platz an der Tafel; jedem Gast wird ein Platz derart zugeteilt, daß eine Dame immer links und rechts einen männlichen Tischnachbar hat. Die Zahl der Gänge nach der Suppe beträgt gewöhnlich drei. Der erste Gang umfaßt meist eine Hirschkeule, Saucen oder sonstige appetiterregende Leckerbissen. Dann folgen gekochtes Rindfleisch mit Ragouts, Puddings und Fische. Den zweiten Gang bilden Fasane, Wildbret und gebratene Hühner; den dritten der Nachtisch. Der gute Ton verlangt rasches Essen, und die zwölf oder fünfzehn Schüsseln der drei Gänge verschwinden in fünfundvierzig Minuten oder einer Stunde. Die Dienerschaft besorgt das Vorschneiden und Vorlegen. Die Getränke sind vorzüglich; die Wahl der Weine steht den Gästen zu Beginn des Essens frei. Leichter Rheinwein oder gewässerter Ungarwein dienen als Tafelgetränk. Zum Rinderbraten folgt dann ein Glas Malaga, zum zweiten Gang wird alter Johannesberger, Rüdesheimer oder Steinwein gereicht. Beim dritten Gang trinkt man ein Glas Champagner, und der Nachtisch wird durch ein Gläschen des Königs der Weine, des herrlichen Tokayers, gekrönt. Trinksprüche und Gesundheiten werden nur bei feierlichen Festmahlen angebracht. Das ganze Mahl dauert nicht länger als eine Stunde, und danach erhebt sich die Gesellschaft, und jeder Gast verbeugt sich vor der Hausfrau und den Damen und führt seine Tischnachbarin in den Nebenraum, wo der Kaffee und Liköre aus Triest und Italien kredenzt werden. Die Damen setzen sich wieder, und die Herren bleiben stehen und plaudern noch eine Viertelstunde. Die Gäste, welche nicht für den Abend gebeten sind, verschwinden jetzt ohne weiteren Abschied.

Eine Einladung, den ganzen Tag mit einer Familie zu verbringen, schließt gewöhnlich einen Ausflug in den Prater ein. Kommt man mangels eigener Equipage in einer Mietskutsche, so steigt man in den Wagen des Hausherrn um, welchem die Karosse der Hausfrau unmittelbar folgt. Wo immer man an einem Sonntag gespeist haben mag, es gibt nur einen Weg in den Prater: über den Graben, an St. Stephan vorüber. Nur dort kann man in der ungeheuren Zahl von Wagen Platz finden, die aus der Stadt dem Prater zustrebt, und dort allein gelingt es, in diese mindestens drei englische Meilen lange Zeile von Fuhrwerken einzudringen oder sich daraus zu entfernen. Selbst die Karossen der kaiserlichen Familie bewegen sich in diesem Korso nur langsam fort, sei es hinter einem Fiaker oder dem

Gefährt eines ehrsamen Bürgers, der seinen, mit Lebensmitteln aller Art angepfropften Kutschierwagen nach diesem Paradies weltlicher Freuden lenkt. Ein großartigeres, unterhaltenderes und bunteres Bild, als eine Wiener Praterfahrt ist nicht vorstellbar. Unmittelbar hinter dem Staatswagen der Kaiserin kommt ein Zeiselwagen, ein drolliges und bevorzugtes Fuhrwerk der niederen Wiener Gesellschaftsschichten. Dieses eigentümliche Beförderungsmittel ist besetzt von nicht weniger eigenartigen Gästen und beschwert mit Schinken, Weinflaschen und allem, was der Wiener für einen Ausflug benötigt. Dem folgt wieder ein eleganter Phaeton oder ein leichter Wagen eines ungarischen oder böhmischen Edelmannes mit Leibhusaren oder Jägern in prunkvollen Livreen, während der Kaiser mit seinem würdigen Oberstkämmerer, dem Grafen Wrbna, in einer einfachen, anspruchslosen Kalesche ausfährt. Hinter ihm erblickt man einen fremden Botschafter und dann wieder einen reichen türkischen Kaufmann, eine ernste, stolze, regungslose Persönlichkeit mit schwarzen Dienern. Der ganze Wagenzug bewegt sich in einem feierlichen Tempo und mit einem Prunk, der jedes andere ähnliche Schauspiel übertrifft. Die Alleen zur Rechten und Linken der Fahrbahn wimmeln von Reitern, unter welchen aus Tausenden die Ungarn durch ihre edlen Pferde und ihre überlegene Reitkunst herausstechen. Gutgenährte Bürger oder bescheidene Offiziere und Gewerbsleute aus dem Mittelstand erfüllen die Gehsteige neben den Reitwegen. Diesen Leuten schafft ein halbstündiger Spaziergang nach beendetem Mittagsmahl, welches von zwölf bis zwei Uhr gedauert hat, wieder neuen Appetit. Die Eßlust der 300.000 Wiener ist so ausgiebig, daß sie jährlich 80.000 Stück Rinder, 67.000 Kälber, 120.000 Lämmer und 72.000 Schweine mit 200.000 Fässern österreichischen Weines in ihre Magen hinunterspülen. Unbekümmert um das Treiben der Vornehmen und ohne Rücksicht auf den Kaiser, der stolz auf das ungezwungene Treiben seiner Untertanen blickt, lassen sich die Gäste des Praters auf den Rasenplätzen nieder und genießen ihren Imbiß mit einem Appetit, als ob sie zwei Tage nichts Eßbares gesehen hätten. Zu beiden Seiten der schönen Alleen beleben Zirkusse und zahlreiche *Restaurateure* mit Gruppen von Wandermusikanten das Bild, während Hunderte von Handlungskommis und Bürgerssöhnen mit ihren Liebsten in die verborgenen Wiesen und in den Laubgängen dieses schönen Naturparks einschwenken und sich den Augen der Tausenden entziehen, die schönes Wetter, eine gute Weinlese und vor allem die Anwesenheit ihres geliebten Kaisers in den Prater geführt hat. Eine bunte Menge gedankenloser Menschen, welche mit derselben Gedankenlosigkeit die Waffen ergreifen würde, mit der sie hier ihre Mägen vollschlagen.

Um sechs Uhr abends kehrt man dann mit seinem Gastfreund ins Palais zurück, eilt von da im Fiaker nach Hause und macht zwischen sechs und acht die Toilette für den folgenden Ball. Ein schwarzer Frack, seidene Beinkleider, schwarze Seidenstrümpfe und Lackschuhe mit kleinen, goldenen Schnallen bilden das Festkleid. Um acht Uhr erscheint man wieder im Hause des vornehmen Wirtes. Wieder läutet die Glocke, und der stattliche Türhüter im goldbestickten Staatskleid empfängt den Gast. Zwei Diener stehen am Fuße der Treppe mit Armleuchtern, deren Licht, mit dem einer großen Lampe vereint, den Weg weist. Hut, Kaputrock oder Mantel werden im Vorzimmer abgegeben, und der Gast erhält eine Garderobenummer, die auf die abgegebenen Stücke geheftet wird. Wiederum durchschreitet man die lange Reihe schöner Gemächer, bis in den Empfangsraum der Hausfrau, wo bereits ein Teil der Ballgesellschaft versammelt ist. Allzufrühes Kommen gilt nicht als vornehm, eher kommt man etwas zu spät. Auf diesen Bällen gibt es gewöhnlich dreißig bis vierzig tanzende Paare. Diese und die seßhaften älteren Leute, welchen später Whist und L'hombre-Partien spielen, versammeln sich im Salon und in den angrenzenden Räumen. Erfrischungen, gewöhnlich Früchte, werden gereicht, und eine Viertelstunde später fliegen die Türen des Tanzsaales auf, dem eine Flut von Licht entströmt. Ein rauschender Gruß des Orchesters füllt Augen und Ohren an und gibt das Signal für den Beginn des Tanzes. Die jungen Damen haben rechtzeitig ihre Tänze vergeben. Wenn ein ganz fremder Gast anwesend ist, so wird ihn die Hausfrau den Tänzerinnen vorstellen, wobei ihr der Ballarrangeur, meist der Tanzlehrer der Familie, hilft. Die Paare schreiten durch den Salon, der mitsamt den angrenzenden Sälen hell erleuchtet ist. Das fünfzehn bis zwanzig Mann starke Orchester ist im Hintergrunde des Saales auf einer Galerie postiert und eröffnet das Fest gewöhnlich mit einer Polonaise und einem Kotillon, der zweimal wiederholt wird. Auf einem Ballfest des Grafen F. sah ich zum erstenmal den sogenannten „Kettentanz". Das Orchester gibt mit drei starken Akkorden das Signal zu diesem unvergleichlichen Schauspiel. Der Ton eines Dutzends Kastagnetten, Händeklatschen und Füßestampfen der Tänzer füllen eine Pause von ungefähr einer halben Minute aus, dann bildet sich die Kette, die ihre Verschlingungen so lange fortsetzt, bis alle tanzenden Paare sich angeschlossen haben. Neuerliches Füßestampfen und Händeklatschen, begleitet von Kastagnetten und einem starken Akkord, und die Kette löst sich in den langsamen Walzer auf, der, immer schneller werdend, in den sogenannten „Deutschen" ausgeht.[38] Das Ganze wird mit unnachahmlicher Anmut, Leichtigkeit, ungezwungen und dabei vornehm ausgeführt, so daß dieser Tanz wirklich einer der schönsten ist, die ich je gesehen habe. Der Ball setzt sich dann mit Walzern und Kotillons fort. In den Nebenräumen wird Whist und L'hombre gespielt. Prachtvolle Büfetts mit den ausgesuchtesten Leckereien und üppigstem Blumenschmuck sind vorgerichtet. Um Mitternacht wird das Souper serviert. Die Damen werden nach den Klängen einer Polonaise von ihren Tänzern in den Speisesaal geleitet und nehmen die Plätze ein, die ihnen durch Karten zugewiesen sind. Nach einer Schale Bouillon folgen gewöhnlich geröstete Spezialitäten jeglicher Art und natürlich alles in herrlicher Aufwartung. Um ein Uhr beginnt neuerlich der Tanz, um bis drei Uhr früh zu dauern. Dann lichtet sich die Schar der Gäste. Die Kartentische leeren sich, und die schönen Tänzerinnen lassen sich von den Jägern oder Leibhusaren sorglich in Schals und Pelze hüllen, um mit ihren Eltern oder Verwandten nach Hause zu fahren. Nur die intimen Freunde des Hauses halten bis vier Uhr aus, worauf das große Abschiednehmen beginnt. Diese Feste werden also mit dem größten Prunk begangen.

Kaum etwas ist reizvoller als eine Wiener Abendgesellschaft in kleinerem Kreis. Man versammelt sich unmittelbar nach dem Tee um sechs Uhr abends. Erfrischungen wie Ananas oder Weintrauben werden herumgereicht, und Whist-, Quadrille- oder L'hombre-Tische laden zum Spiel ein. Inzwischen trägt ein kleines Orchester Stücke aus Opern von Mozart, Weber oder Rossini vor und, wenn junge Mädchen im Haus sind, die von ihren Freunden besucht werden, wird rasch ein Tänzchen improvisiert. Jedes adelige Haus hat seinen Musiklehrer, und unter der Dienerschaft finden sich meist noch zwei oder drei ausgezeichnete Musikanten. Parkettierte Räume ohne Teppiche sind jederzeit für einen Tanz vorbereitet. Solche Abendgesellschaften zeigen die liebenswürdige und bezaubernde Art der vornehmeren Kreise in Österreich. Diese ungezwungenen, bescheidenen, wirklich feinen und einfachen Menschen sind weit mehr als andere geeignet, die Freuden des Lebens zu genießen. Ihr Wohlbehagen teilt sich den Gästen mit, und sie bemühen sich, jedermann in ihrer Nähe zu beglücken. Nirgends kann man sich wohler und heimischer fühlen als in diesen Kreisen, besonders in den Häusern der ungarischen Aristokratie. Hier herrscht kein Verdacht, kein Zwang und keine Furcht. Denn der Ungar empfindet tief, und er fühlt dies mit Recht und weiß, daß seine alte Verfassung und seine Freiheit nicht nur geschriebene Worte sind, sondern in den Herzen von zehn Millionen Landsleuten verankert sind, die weder den Kaiser noch seinen Metternich fürchten. Das Tischgespräch bei den Mahlzeiten dreht sich um alles mögliche: Politik, Anekdoten, auch ein wenig Klatsch, besonders wenn vom Staatskanzler die Rede ist, von dem hier mit viel weniger Scheu gesprochen wird als anderswo. Die Anekdoten betreffen gewöhnlich die Ungarn selbst, und die vornehme Arglosigkeit dieser so interessanten und doch so wenig bekannten Nation verleitet sie manchmal zu Mißgriffen, welche an die der Irländer erinnern. Unter den vielen im Umlauf befindlichen Anekdoten sei nur eine erzählt, die ich im Hause eines ungarischen Edelmannes vernommen habe. Ein Ungar wünschte den Rundblick auf Wien vom Stephansturm aus zu genießen. Zu diesem Aussichtspunkte führen mehrere hundert Stufen hinauf. Der Türschließer war nicht daheim, und seine Frau, die sich in gesegneten Umständen befand, bat den Fremden, sich ein wenig zu gedulden. „Wie lange", fragte der Ungar in gebrochenem Deutsch mit einem Seitenblick auf die Frau, „wird es (und er meinte das Ersteigen der Stiegen) dauern?" Die Frau aber bezog diese Frage auf ihren Zustand und antwortete: „Noch fünf Tage." „Fünf Tage", rief der Ungar aus, „zum Teufel, bis dahin muß ich ja in Kecskemét sein!", und verließ damit die Turmstube, glücklich, seiner Neugier nicht fünf Tage geopfert zu haben.

Dieser und anderen scherzhaften Erzählungen hörte unser vornehmer ungarischer Wirt in bester Laune zu, bis er schließlich halb lächelnd, halb ernst einwarf: „Ist es ein Wunder, daß wir nicht so sind, wie wir sein könnten und sein sollten? Auf der einen Seite haben wir die Türken, auf der anderen die Österreicher. Kann es da anders sein? Mein Landsmann hat wohl daran getan, Wien nicht von oben anzusehen." – Auch dieser Scherz wurde von allen heiter aufgenommen, mit Ausnahme des Obersten eines ungarischen Regiments, der es seiner Würde schuldig zu sein glaubte, ein verdrießliches Gesicht zu machen. Im übrigen kümmern sich die Ungarn sehr wenig um ernste oder fröhliche Mienen des Kaisers. Dafür hatten wir ein Beispiel in unserem Gasthofe.

Das Lieblingsgabelfrühstück der Wiener besteht aus jungem Schweinefleisch mit Meerrettich, dem sogenannten „Krenfleisch", oder Würsten mit Senf und einigen Gläschen österreichischen Weines. Dieses derbe Frühmahl nahmen wir täglich ein und gingen zu diesem Zweck in die Kaffeestube unseres Gasthofes. Eines Tages wurde die Wiedergenesung des Kaisers von schwerer Krankheit mit großen Festlichkeiten begangen. Drei ungarische Edelleute in ihren Nationalkostümen, rote Attilas, mit vielen goldenen Fangschnüren, hellen, engen Beinkleidern und Husarenstiefeln, Pelze über die linke Schulter, betraten unseren Speisesaal. Sie legten ihre Säbel und Kalpaks ab und bestellten drei Flaschen ungarischen und sechs Flaschen österreichischen Wein. Der beflissene Kellner war über diese Bestellung ziemlich erstaunt, führte sie aber mit österreichischer Dienstfertigkeit aus. „Einen Weinkühler", verlangte einer der drei Herren; dieser wird gebracht. – „Schütten sie die sechs Flaschen Österreicher da hinein", wird befohlen, „und dann kühlen sie die drei Flaschen Ungarwein in dem Wasser". – „Aber Euer Gnaden", wendet der bestürzte Kellner ein, „das ist ja kein Wasser, das ist ja bester Bisamberger, 1811er!" – „Gießen Sie den Ungarwein da hinein und schauen S', daß Sie weiterkommen"! Alle Augen waren auf die kühnen Männer gerichtet, die es da wagten, in einem der ersten Gasthöfe Wiens ihre Verachtung für Österreich zur Schau zu stellen. Wenige Minuten später schlossen sich ihnen noch drei Herren an, und nun stießen sie an. – „Maria Theresia", wurde gerufen. – „*Vivat, vivat!*" antworteten die übrigen fünf. „Auf unseren König, den konstitutionellen!" rief ein anderer, und alle stimmten ein: „auf den konstitutionellen!" – Die ganze Szene spielte sich unbeschreiblich ernst und würdevoll, ja gewissermaßen erhaben ab, so daß sie schwer beschreibbar ist. Kein Lächeln, kein Blick auf die übrigen Anwesenden; die sechs Herren saßen allein und sprachen allein. Schließlich zahlten sie still ihre Zeche, ließen die sechs Flaschen Österreicher im Kühler zurück und entfernten sich in strammer, militärischer und gemessener Weise, wobei Tische, Gläser und Fenster unter der Wucht ihrer Schritte erklirrten.

In den Kreisen des Adels und der wohlhabenden Finanzwelt wird man eine gewisse politische Freiheit und eine freie Rede, auch Zeitungen und sogenannte „verbotene Bücher" aller Länder finden. Politische, liberale Salons wie in Paris gibt es nicht; nur die allerersten Familien Österreichs besitzen ähnliches.[39] Dort finden dann wirklich nur die intimsten und vertrautesten Freunde Zutritt. Wohl aber sieht man häufig während eines Balles, eines Gastmahles oder einer Kartenpartie Gruppen von Herren in einem Nebenzimmer verschwinden, oder ein Brief aus Paris oder London, der natürlich nicht durch die Post befördert wurde, geht mit jener Heimlichkeit von Hand zu Hand, die von Metternich abgeschaut wurde. Dies ist die Art, in welcher in Österreich Maßnahmen, Pläne und sogar Größeres inmitten von Vergnügungen und Lustbarkeiten besprochen werden. Man ist dazu gezwungen, da der Kaiser, weit entfernt davon, ein Cäsar zu sein, einzig und allein seinen Grundsätzen folgt, und sich und sein Haus so lange für sicher hält, als seine Untertanen tanzen und singen.

Achtes Kapitel

Beamte. – Bürgertum. – Wiener Bauwerke vom architektonischen Standpunkt aus. – Gottesdienst. – Wiener Sitten. – Öffentliche Anstalten. – Bürgerliches Gesetzbuch. – Medizinische Wissenschaft. – Schriftsteller. – Zeitungen. – Grillparzer. – Die Zensur. – Theater. – Schlußbemerkungen.

Keine europäische Regierung ist weniger volkstümlich als die österreichische, und nirgends ist das Volk von der Regierung und ihren Organen strenger geschieden als hier. In keinem anderen Land besitzt ein Staatsbürger so geringe Bewegungsfreiheit wie in Österreich der Beamte.[40] Inmitten des Frohsinnes und der Lebensfreuden sind diese Leute an ihre Schreibtische gefesselt, arbeitend, überwachend und selbst überwacht. Wien ist der Sitz aller Ministerien, Präsidien und Hofstellen mit mehreren Hunderten von Räten und Tausenden anderen niederen Beamten. Ein Hofrat ist eine wichtige Persönlichkeit. Er führt sein sogenanntes Referat, wie es bezeichnet wird, über die Angelegenheiten mehrerer Provinzen und Königreiche und steht im Range eines Generalmajors. Jüngere Hofräte beziehen ein Gehalt von 5000 Gulden[41], eine für Österreich recht ansehnliche Summe, die älteren erhalten 6000 Gulden, aber man wird selten einen dieser Herren in den Kreisen der vornehmen Welt oder des Mittelstandes antreffen, wenn er nicht adelig oder Junggeselle ist oder etwa sonst wenig Wert auf sein Fortkommen legt. Nicht der Mangel eines Adelsbriefes oder eines reichen Einkommens verwehrt den Staatsbeamten den Zutritt in die Gesellschaft, sondern die bekannte Willensäußerung des Kaisers. Teilnahme am geselligen Leben oder den Freuden der leichtlebigen Stadt Wien würde das Avancement schädigen. – „Ich brauche ernste Männer als Hofräte, die ihre Kanzlei regelmäßig besuchen und die Amtsstunden einhalten", erwiderte Seine Majestät, als Baron B., ein eleganter, befähigter Mann zum Hofrat vorgeschlagen wurde. Dieser Ansicht muß sich die Beamtenschaft fügen. Der bekannte Gentz, Verfasser der österreichischen Manifeste und der wichtigsten Artikel im *Österreichischen Beobachter* wurde wiederholt zum Staatsrat vorgeschlagen und sogar von Metternich selbst empfohlen.

„Er hat eine Geliebte und drei Kinder von ihr", war des Kaisers Antwort, und alle Bemühungen blieben vergebens. Einen Staatsrat, der im Rang nach einem Minister kommt, wird man noch weniger in Salons antreffen. Sein hoher Rang ist an die unausgesprochene Bedingung geknüpft, die Gesellschaft nach Möglichkeit zu meiden.

Da der Kaiser das Privatleben seiner Beamten genau kennt und beobachtet, können diese keinen Schritt tun, der nicht ihm oder der Polizei hinterbracht würde. Während Franz die hohen und niederen Schichten seines Volkes fast zur Verschwendung und Gedankenlosigkeit zwingt, verlangt er ernste und nüchterne Staatsdiener. Der junge Fürst R. begann mit der Tochter des Hofrates S. eine Liebelei und tauschte mit ihr von seinem Fenster Signale aus. Doch das junge Mädchen verliebte sich ernsthaft und wurde krank. Als der Kaiser davon erfuhr, befahl er den Fürsten zur Audienz. – „Fürst", sagte der Kaiser mit ernster Stimme, „sie müssen begreifen, daß die Töchter meiner Hofräte nicht für ihre Liebesabenteuer da sind, dafür gibt es genug andere Mädchen in Wien." – Dem Fürsten wurde eine Geldbuße von 15.000 Gulden auferlegt.

Noch strenger ruht die Hand des Monarchen auf seinen Soldaten. Stößt wohl die Aufgeblasenheit der preußischen Offiziere jeden ab, der auf mehr als auf Paraden und Uniformen sieht, so bietet der österreichische Offizier einen recht bedauernswerten Anblick. Er wird in blindem Gehorsam gehalten, der an Selbstentwürdigung grenzt. Kaum gibt es etwas Traurigeres als die Erscheinung eines Offiziers in Wien, wo sogar der angeborene Stolz der Ungarn erstirbt. Die Besoldung des österreichischen Offiziers ist ganz elend, und falls er nicht über eigenes Vermögen verfügt, schließen ihn seine bescheidenen Mittel nicht nur von jeder Unterhaltung aus, sondern sie ermöglichen ihm nicht einmal einen halbwegs angemessenen Lebensstil. Zur Erleichterung seiner schlechten Lage bezahlt die Regierung die Hälfte seiner Quartierkosten, weshalb sein Vermieter über den militärischen Gast entzückt ist. Der mißmutige Fleischer muß ihm das Fleisch um die Hälfte des üblichen liefern, und für den Besuch von Unterhaltungen und Theatern entrichtet er ein Drittel des gewöhnlichen Eintrittsgeldes. Da alle diese Hilfsmittel noch immer unzureichend sind, bezieht er ferner Brennholz und täglich ein halbes Kommißbrot auf Staatskosten, ein Brot, welches kein englisches Pferd fressen würde.

In Wien liegt eine Garnison von 12.000 Mann, darunter zwei Infanterieregimenter, sechs Grenadierbataillone, ein Regiment Artillerie und ein Dragonerregiment. Die schlanken ungarischen Grenadiere mit ihren Pelzmützen, weißen Röcken und blauen, gelb verschnürten Hosen sind die schönste Truppe im österreichischen Heere. Seitdem die französische Kaisergarde bei Waterloo vernichtet wurde, sind die ungarischen Grenadiere, von den englischen Garden abgesehen, die prächtigsten Truppen in Europa. Weder die russischen noch die preußischen können mit ihnen verglichen werden. Die österreichische Infanterie ist unscheinbar und fast ärmlich weiß uniformiert[42]; die Dragoner dagegen sind einfach, aber ungemein vornehm aussehende Burschen. Ihre glitzernden Helme, die geschmackvollen weißen Waffenröcke und Hosen, ihre hohen Stiefel, die breiten Reitersäbel und kurzen Karabiner machen sich weit besser als der Flitter der ungarischen Husaren. Dagegen kann es nicht leicht etwas Geschmackloseres geben als die Uniform der österreichischen Artillerie. In ihren graubraunen Röcken, Hosen und aufgeschlagenen Hüten könnte man sie viel eher für Dienstleute eines verarmten Landedelmannes ansehen als für die tüchtigste Truppe der österreichischen Armee. Aber die Musikbanden aller dieser Regimenter und Truppen sind die besten ihrer Art. Ihr Spiel ist geradezu elektrisierend. – „Wenn ich Musik hören will", sagte mir Professor W. in Berlin, bei der Aufführung von Spontinis *Olympia*, „so fahre ich nach Österreich. Ihre Militärmärsche sind mir lieber als diese ganze Oper".

Der Charakter der Wiener hat sich in den letzten sechzehn Jahren traurig verändert. Sie waren immer bekannt als sinnenfrohes, gedankenloses Volk, zufrieden mit einer Zeiserlwagenfahrt in den Prater, versehen mit Wein und Braten. Dagegen waren ihre Ehrlichkeit, Güte und Biederkeit sprichwörtlich, und sogar Napoleon gab ihnen Beweise seiner Wertschätzung. Er beließ der Bürgergarde ihre Waffen und ihr Arsenal. Seit dem Jahre 1811 sind jedoch die 10.000 „Naderer" oder Geheimpolizisten am Werk. Sie stammen aus den niederen Klassen der Gesellschaft, jener der Dienstboten, der Arbeiterschaft, ja sogar der Prostituierten, und bilden eine Vereinigung, welche das gesamte soziale Leben in Wien so durchzieht, wie der rote Seidenfaden die Taue der englischen Flotte. In Wien kann kaum ein Wort gesprochen werden, das ihnen entginge. Dagegen gibt es keinen Schutz, und wenn man seine eigenen Dienstleute mitbringt, so werden sie 14 Tage später, selbst wider Willen, zu Verrätern werden, wenn sie nicht eingefleischte Engländer sind, mit einem entsprechenden Vorrat von Stolz und Verachtung für die Wiener. Der Volkscharakter hat sich eben so verändert, wie man dies unter bestimmten Verhältnissen erwarten muß. Da die Regierung alles getan hat, um die Wiener von ernster oder geistiger Betätigung fernzuhalten, so sind der Prater, das Glacis, die Kaffeehäuser und das Leopoldstädter Theater die einzigen Ziele ihres Denkens und ihrer Wünsche. Das aber müssen sie haben, und wenn sie es nicht auf ehrliche Weise erreichen können, so gehen sie eben unter die *Naderer* und verdienen dadurch einen Dukaten wöchentlich.

Ein „Wiener Früchtel" gilt sogar in Wien für das Höchste an Frivolität, Gedankenlosigkeit und Verderbtheit. Wenn ein Franzose stolz darauf ist, in Paris erzogen worden zu sein oder für einen Pariser gehalten zu werden, so fühlt sich der Ungar, Böhme, Pole oder Italiener gar nicht geschmeichelt, wenn er für einen Wiener gehalten wird. Die Gerechtigkeit gebietet aber einzuräumen, daß die Wiener zu dem gemacht wurden, was sie sind. Ihr unbestrittenes, ureigenstes Besitztum hat man ihnen gelassen: ein gutes Herz, grenzenlose Gastfreundschaft und eine Unterwürfigkeit, die förmlich für ihre eigene Minderwertigkeit und Entwürdigung zeugt.

127

Der Wiener fühlt sich unendlich geehrt, wenn man seinen Wein trinkt oder sein Essen verzehrt. – „Belieben Euer Gnaden vielleicht unsere Sitze einzunehmen?" sagte uns ein gut gekleideter Herr, der mit seiner Frau im Parterre eines Wiener Theaters saß und uns auf Englisch sprechen hörte. Als wir erwiderten, daß wir eben unsere Loge verlassen hätten, fragte der liebenswürdige Mann, ob wir ihm nicht die Auszeichnung schenken wollten, bei ihm zu speisen, da er so gerne Englisch höre. Obwohl man in Wien selten ein kluges oder ernstes Wort zu hören bekommt, geben sich die Wiener, so wie sie sind, ohne Stolz oder Anmaßung. Sie haben die Fehler gründlich verdorbener Kinder, die von einem unterdrückenden Aufpasser, der nur seine Vormundschaft so lange als möglich bewahren möchte, in Unkenntnis ihrer Rechte gehalten werden.

Wien ist als Stadt weder so riesig wie London noch so schön wie Paris. Auch ist es nicht das elegante Berlin oder das großartige Petersburg. Es ist bloß das massiv gebaute Hauptquartier einer festen Regierung und einer mächtigen Oligarchie. Wien besitzt weit weniger Prachtbauten als Venedig und wird von Mailand und Prag, aber auch von Budapest an Schönheit des Stadtbildes übertroffen. Sein heutiges Aussehen hat Wien fast ganz ohne die unterstützende Hand der Regierung erhalten, wenn wir den jetzigen Kaiser, der offenbar danach strebt, seiner Hauptstadt ein gleichmäßiges Gepräge zu geben, davon ausnehmen. Aber Franz hatte bloß den einen glücklichen Gedanken, die Häuser und Verkaufsbuden, welche die Stephanskirche umgaben, niederreißen zu lassen. Die anderen, von ihm veranlaßten Neubauten, wie die Technische Hochschule, die Nationalbank und das Burgtor tragen das gleiche nüchterne Gesicht, das überall wahrzunehmen ist. Mit einigem Zielbewußtsein hätte ein feiner Geschmack Wien einen ganz anderen Charakter verleihen können und die Beine und Glieder eines neugierigen Fremden besser zu schützen gewußt, wenn dieser dazu verdammt ist, viel herumlaufen zu müssen. Das wäre freilich mit manchen alten Privilegien zusammengestoßen, und daher hat die österreichische Regierung sich nicht dazu entschließen können, ihr Skalpell deutlicher einzusetzen. Viele

Dinge bleiben deshalb so, wie sie eben sind. Von den einhundertzehn Straßen der Stadt sind die meisten eng und winkelig, aber gut gepflastert und eingesäumt von großen Palästen und palastähnlichen Gebäuden, deren Ausmaße unvergleichlich mächtiger sind als die Baulichkeiten anderer Städte.

Hervorzuheben ist das große Haus des Fürsten Starhemberg, ein Geschenk des Kaisers an diese fürstliche Familie aufgrund ihrer Verdienste um die Verteidigung Wiens gegen die Türken. Dieses Freihaus wird von 2000 Menschen bewohnt. Die Paläste des Erzherzogs Karl, der Fürsten Liechtenstein, Lobkowitz, Schwarzenberg, Esterházy usw. stehen wohl an Zahl der Bewohner diesem Gebäude nach, sind aber nicht viel kleiner. An fast jeder Straßenecke in Wien erblickt man einen großen adeligen Palast. Da aber die bürgerlichen Gebäude ebensohoch sind, bilden die Straßen eine ungeheure und imposante Zeile großer Häuser, die hie und da von kleinen Plätzen unterbrochen wird. Von diesen ist der Josephsplatz der schönste und der Graben der belebteste. Wo immer man sich in der Stadt befindet, der schlanke Turm von St. Stephan dient überall als Wegweiser, und er führt jede Wanderung durch diesen verwickelten Irrgarten. Der Bau dieser Kirche wurde im Jahre 1171 begonnen. Sie ist eines der wichtigsten Denkmale gotischer Baukunst mit unverkennbaren Spuren romanischen Stiles, und sie ist auch von damals verbreiteten maurischen Stilelementen beeinflußt. Das Straßburger Münster ist gefälliger gebaut, der Mailänder Dom edler und prächtiger, aber St. Stephan ist weit großartiger. Mit Erstaunen ruht das Auge auf seinen hoch emporstrebenden Wölbungen, die sich zu enormen Höhen hochschwingen. Dennoch ist das Innere der Kirche finster, da das Licht, welches durch die bunten Glasfenster eindringt, kaum genügt, die Gegenstände sichtbar zu machen. Der Dom ist ein getreues Ebenbild des finsteren Zeitalters, in dem er gebaut wurde. Gott und seine Welt waren in Dunkel gehüllt und nur soweit bekannt, als es dem Papst und seinem Gefolge gefiel. An einzelnen Wiener Kirchentüren sahen wir Ablaßzettel angeschlagen, so zum Beispiel an Maria Stiegen einen Ablaß für vierzig Tage.

Obwohl St. Stephan die erste unter den vierzehn Hauptkirchen Wiens ist, führt nur die Kirche zu St. Augustin den Titel „Hofkirche". Dort werden die einbalsamierten Herzen der kaiserlichen Familie beigesetzt, und dort befindet sich auch das Grabmal der Erzherzogin Christine, das zu bekannt ist, um näher beschrieben zu werden. Ein Hochamt in dieser Kirche und das dabei aufgeführte geistliche Konzert geben mehr als alles andere eine Idee von Katholizismus und katholischem Gottesdienst. Vor dem Altar steht der in funkelnde Meßgewänder gekleidete Priester mit seiner Assistenz und einer Anzahl an Ministranten, die Weihrauchfässer schwingen, sich verbeugen und sich sonst so fröhlich gebärden, daß keine Spur von Frömmigkeit zu bemerken ist. Die ganze Zeremonie steht im strengen Gegensatz zur Einfachheit und Würde unseres protestantischen Ritus. Von den vier oder fünf Seitenaltären her erklingen unausgesetzt Glöckchen, da dort andere Priester ihre Messen herunterleiern, umgeben von stehenden oder knienden Gläubigen, die ihrer sonntäglichen Christenpflicht nachkommen. Den größten Zuspruch findet der Geistliche, der in der kürzesten Frist, etwa in zwölf Minuten, seine Messe zu Ende liest. In den Kirchenstühlen zu beiden Seiten des Hauptschiffes ist die schöne Welt versammelt, und im Mittelgang gehen kokettierend die Wiener Dandys auf und ab, und lassen ungeniert nicht allein ihre Blicke, sondern auch ihre Stimmen *viva voce* sprechen. In der Kirche herrscht ein Treiben, ein Laufen, ein Lärm, der alles andere als ernste Gedanken erweckt, und nur durch die mächtigen Klänge der Orgel und die herrliche Kirchenmusik übertönt wird. Kaum ist das vokale oder instrumentale Konzert vorüber, eilt die ganze Menge den Ausgängen zu und läßt Priester, Gottesdienst und alles übrige zurück, um nun ungestört den eigenen Interessen zu frönen. Die Kirche hat zwei Drittel ihrer Besucher verloren, ehe auch nur die Hälfte der Messe gelesen ist. Noch weniger Zuhörer, kaum fünfundzwanzig von den tausend, die sich vor einer Stunde in der Kirche gedrängt haben, lauschten der Predigt. Ist es da verwunderlich, daß die katholische Kirche mehr Ungläubige hervorbringt als die protestantische?

Ein Konzert in den Argyll Rooms oder selbst in Covent Garden erweckt sicher ernstere Gedanken als dieser eigentümliche Gottesdienst. Aber man findet ihn, dies sei zugegeben, nur in einigen der sogenannten vornehmen Kirchen, wo die elegante Welt zu ihren *rendezvous* zusammenströmt. Dort in der Augustiner- oder in der Michaelerkirche wird man auch kaum einem Aristokraten begegnen, wenn er nicht zum Anhange des Staatskanzlers gehört. Die übrigen Kirchen werden von einer bescheideneren Art von Gläubigen und in frömmerer Absicht aufgesucht. Das österreichische Militär wird in geschlossener Formation zu ihrer Kirche geführt, hört dort die Messe und Predigt und marschiert in die Kaserne zurück. Die Beamtenschaft erfüllt ebenfalls eifrig ihre religiösen Verpflichtungen. Die niedrigen Stände drängen sich in Maria Stiegen zu den Predigten Zacharias Werners und seiner Genossen. An Sonntagvormittagen ist in Wien kein anderes Geräusch zu vernehmen, als das Geläute Hunderter von Kirchenglocken und das Rollen prächtiger Equipagen. Die guten Wiener entschädigen sich jedoch für diesen Zeitverlust nach ihrem Mittagsbrot. Von drei Uhr nachmittags bis elf Uhr nachts befindet sich die ganze Stadt in einem förmlichen Taumel von Musik und Vergnügungen. Wo immer man hinkommt, überall hört man nur Musik. In jedem Bürgerhaus ist denn auch das Klavier das erste, was man erblickt. Kaum hat der Gast Platz genommen und sich an gewässertem Wein und Preßburger Zwieback erquickt, so wird das Fräulein Karoline, oder wie sie sonst heißen mag, von den Eltern aufgefordert, dem Gast etwas vorzuspielen. Die Musik ist der Stolz der Wiener und auch so ziemlich der wichtigste Teil ihrer Bildung. Die Kinder beginnen gewöhnlich schon im vierten oder fünften Lebensjahr Musik zu lernen, und mit sechs Jahren sind sie darin schon recht geschickt. Eine neue Oper Rossinis im Kärntnertor-Theater ruft unter diesen guten Leuten mindestens so viel, wenn nicht mehr Aufregung hervor wie die Eröffnung des Parlaments in London. Allerdings ist ihre Oper herrlich, und eine Aufführung von Mozarts *Zauberflöte* oder *Don Juan* im Kärntnertor-Theater ein ganz erlesener Genuß. Das Ballett ist weniger gut als das der Pariser Oper. Die geringe Wertschätzung der Wiener für ernste Musik bewies uns eine Aufführung von Haydns *Schöpfung* in der kaiserlichen Reitschule. Obwohl dreihundertfünfzig Musiker die großartigste Leistung boten, der wir jemals beiwohnten, war der Saal schlecht besucht. Nichts ist dabei auffälliger als die numerisch strenge Ordnung und die sichtbare Regelmäßigkeit, die trotzdem inmitten dieser Sinnesfreuden zu walten scheint. Denn kaum ertönt der elfte Glockenschlag, versinkt die ganze Stadt samt ihren Vorstädten wie durch Zauberkraft in tiefstes Schweigen. Jedermann muß oder sollte zu Hause sein. Schreien, Singen oder der geringste Lärm in den Straßen wäre etwas ganz Unerhörtes. Die Polizeistunde wird nämlich strengst eingehalten.

Wien ist wirklich eine Stadt der Gegensätze. Man findet dort die verwerflichste Verschwendung neben eiserner Tüchtigkeit, einen hohen Grad an Bildung und gröbste Unwissenheit, verächtliche Unterwürfigkeit und stolzen, unabhängigen Geist. Österreich und besonders Wien besitzen immerhin eine Anzahl ausgezeichneter Einrichtungen. Das allgemeine bürgerliche Gesetzbuch und auch die Kirchengesetze sind die besten auf dem Festlande und dem Code Napoléon weitaus überlegen. Dies schuldet Österreich dem Kaiser Joseph, welcher nach der Bauernbefreiung und der Erlösung seiner Untertanen aus den Fesseln Roms die Gesetze Maria Theresias und seiner anderen Vorfahren der neuen Zeit anpaßte. Zu diesem Zweck setzte er die Hofkommission in Gesetzessachen ein, die aus den Mitgliedern der obersten Gerichtsstellen und den Professoren der Rechtsfakultäten bestand. Das Allgemeine Bürgerliche Gesetzbuch wurde bis auf die neueste Zeit fortgeführt und trägt den Namen: *Codex Franz des Ersten.*

Der bedeutendste Mitarbeiter dieser Kommission war der Hofrat von Sonnenfels, dessen Werke es verdienten, genauer gekannt zu werden, als die jedes anderen lebenden Rechtsgelehrten. Die Wiener juristische Fakultät ist noch immer hervorragend, wenn auch die Prager Rechtslehrer sie an Gelehrsamkeit angeblich übertreffen. Das gegenwärtige Unterdrückungssystem kommt aber natürlich auch hier zur Anwendung.

– „Sie können es nicht fassen", sagte ein Wiener Universitätsprofessor zu mir, „wie schlimm es ist, Recht lehren zu müssen, wo es kein Recht gibt. Aber was soll ich sonst tun? Ich habe Kinder, und eines davon ist Beamter." -

Das hohe Ansehen der medizinischen Schule ist gleichfalls dem Kaiser Joseph, diesem großen, so oft mißverstandenen Herrscher, zuzuschreiben. Ihr Ruf ist besser als der der Pariser oder Berliner ärztlichen Schulen, und ihre Lehrer halten jeden Vergleich mit ihren ausländischen Kollegen aus. Das anatomische Kabinett und die Präparatensammlung verdienen die höchste Bewunderung. Die Wiener medizinische Fakultät wird wegen ihrer trefflichen klinischen Einrichtungen und naturwissenschaftlichen Sammlungen sehr oft von Ausländern besucht, die nirgendwo besser ein Beispiel an Meisterschaft antreffen als dort. Auch die klinischen Einrichtungen sind als exzellent zu betrachten. Die botanischen, mineralogischen und zoologischen Kostbarkeiten verteilen sich auf weitere fünfundzwanzig Säle. Sie enthalten fast jede Spezies dieser Welt.

Die k. k. orientalische Akademie steht unter der Leitung des Hofrates von Hammer und genießt die besondere Aufmerksamkeit des Kaisers.[43] Dieses Institut hat tatsächlich ganz Hervorragendes geleistet, denn ihm ist sicher ein Teil der guten Beziehungen zwischen Österreich und der Türkei zu verdanken. Ferner wären an hervorragenden Wiener Schulen noch zu erwähnen: die Technische Hochschule, die Ingenieurakademie und das Bombardierkorps unter der Leitung des bekannten Obersten Augustin. Wien verfügt gewiß über viele Gelehrte, aber sie sind nicht nur vom Volk, sondern auch untereinander strenge geschieden. Ein Ingenieur ist in Wien nur Ingenieur, als solcher versteht er sein Fach gründlich, aber weiter nichts. Ein Professor des bürgerlichen Rechtes wird seine Disziplin sicher vollständig beherrschen, aber im Geldwesen und den sonstigen Zweigen der Volkswirtschaft ist er völlig unwissend. Wenn man nicht über sein Spezialfach mit ihm spricht, könnte man ihn für einen vollständigen Ignoranten halten. Durch solche völlig zur Maschine gewordene Menschen setzt die Regierung ihren Willen durch.[44]

Außer in Österreich, wo trotz der zahlreichen Schulen der allgemeinen Bildung so enge Grenzen gezogen sind, ist derlei in keinem anderen Staat denkbar. Die einzige Zeitung, welche diesen Namen überhaupt verdient, ist der von Herrn von Pilat, dem Privatsekretär Metternichs, redigierte *Österreichische Beobachter.* – Obwohl die übrigen Journale Wiens und des Kaiserreiches[45], ohnehin nicht mehr als 25, niemals politische oder ökonomische Nachrichten oder gar Abhandlungen aus diesen Gebieten enthalten, ist deren Redaktion Staatsbeamten anvertraut, und diese Zeitungen stehen daher unter dem direkten Einfluß der Statthalter oder Vizekönige der einzelnen Länder und Königreiche. Ganz gleich verhält es sich mit den literarischen Zeitschriften. Ausländische Zeitungen sind nicht gänzlich verboten, aber sie und ihre Leser werden schärfstens überwacht. Dies und die hohen Preise ausländischer Journale sind wohl mit an der politischen Finsternis schuld, welche in den Gehirnen mancher sonst hochgebildeter Gelehrten vorherrscht und diese oft zu schweren Irrtümern verleitet.

Häufig wurde der Vorwurf erhoben, dieses Reich habe wenige literarische Größen hervorgebracht. Österreich ist nun aber eine Ansammlung aus Königreichen und Provinzen verschiedener Sprachen, Umgangsformen und Sitten. Böhmen besaß zur Zeit der Selbständigkeit seine Schriftsteller; die jetzt lebenden sind im wörtlichen Sinn gefesselt. In Ungarn werden drei Sprachen gesprochen und geschrieben: Lateinisch, als Sprache der Regierung, des Landtages und der Behörden; das Ungarische und das Deutsche sind die Sprachen des Volkes. Schriften, die in einer dieser drei Sprachen abgefaßt sind, finden deshalb schwer einen ausreichenden Leserkreis.

Kaum hatte Joseph II. Österreich, dem kleinsten Teil des Reiches, Preßfreiheit gewährt, als dort eine ganze Schar von Schriftstellern auftrat, darunter neben vielen armen Teufeln einige von

Rang. Alxinger, Heinrich und Matthäus Collin stechen als Dichter besonders hervor. *Regulus* und *Balboa* reichen zwar nicht an Schillers oder Goethes Werke heran, sind aber zweifellos recht bedeutend.[46]

Das Burgtheater besitzt jetzt in in Grillparzer, einem geborenen Wiener, einen der größten neueren deutschen Dichter. Dieser hervorragende junge Mann hat sich mit der *Ahnfrau*, einer schreckenserregenden Schicksalstragödie, nach dem Vorbild von Müllners *Schuld* und Werners *Vierundzwanzigstem Februar* in die erste Reihe der Dramatiker gestellt. Kurz nach diesem ersten Erfolge vermehrte er seinen Ruhm durch eine der feinsinnigsten Tragödien, die Deutschland aufweisen kann, die *Sappho*. Sie darf unmittelbar neben Goethes *Iphigenie* genannt werden. Trotz strengen Festhaltens an den Lehren des Aristoteles verstand es der Dichter, seinem Stück hohen Glanz, melancholische Weichheit und Frische zu verleihen. Griechenlands Luft weht durch dieses Werk, ein um so größeres Verdienst, als es nur drei Hauptrollen enthält, und das Thema der *Sappho* schon oft bearbeitet wurde. Die Titelrolle wird von Frau Schroeder prachtvoll dargestellt.

Grillparzer schrieb die *Sappho* als kleiner Beamter mit einem Jahresgehalt von 50 Pfund Sterling. Die allgemeine Begeisterung über dieses Meisterwerk bewog seine Gönner, ihn Seiner Majestät für die Anstellung als Hofkonzipist mit jährlich 120 Pfund Sterling zu empfehlen. – „Laßt mich mit eurem hitzköpfigen Grillparzer in Ruhe", sagte der Kaiser verdrießlich, „der würde ja Verse schreiben, statt Berichte."

Vernachlässigt und gepeinigt nahm der arme Mensch nach der Rückkehr von einer italienischen Reise die Stellung als Dichter des Burgtheaters mit 2000 Gulden Jahresgehalt an, womit ein Junggeselle in Wien ein ganz auskömmliches Leben führen kann. Seine *Medea* ist aber eine ziemlich langweilige, zahme Heldin, der man die Furcht vor der österreichischen Zensur anmerkt.

Ein gezähmteres Wesen als ein österreichischer Autor hat gewiß niemals existiert. In Österreich darf ein Schriftsteller keine wie immer benannte Regierung angreifen, auch keine Minister, keine Behörde, falls sie Einfluß hat, nicht die Geistlichkeit oder den Adel. Er darf nicht liberal, nicht philosophisch, nicht humoristisch, – kurz, er darf gar nichts sein. Unter den verbotenen Dingen sind nicht nur Satire und Witz zu verstehen, er darf sich überhaupt nicht vertiefen, weil dies zu ernsterem Nachdenken anregen könnte. Wenn er irgend etwas zu sagen wagt, dann muß dies in jenem unterwürfigen und ehrfurchtsvollen Ton geschehen, der einem österreichischen Untertanen ziemt, der sich überhaupt traut, den Schleier von so *heiklen Geheimnissen* zu heben. Was wäre wohl aus Shakespeare geworden, hätte er in Österreich leben oder schreiben müssen?

Wenn ein österreichischer Schriftsteller es riskierte, eine den Ansichten der Regierung nicht entsprechende Meinung auszudrücken, so würden nicht nur seine Schriften unbarmherzig verstümmelt, sondern er selbst würde als gefährlich angesehen und von allen treuen Untertanen gemieden werden. Würde er sich aber gar unterfangen, seine Arbeiten außerhalb der Reichsgrenzen, in Deutschland etwa, zu veröffentlichen, was angesichts der österreichischen Allmacht in Deutschland nahezu unmöglich ist, so würde dieser Versuch als an Hochverrat grenzendes Verbrechen betrachtet und bestraft. Verglichen mit den Zügeln, unter denen die österreichischen *Literaten* ächzen, können sich ihre deutschen Brüder in der Feder als Autokraten sehen.

In Wien wirkte ein Edelmann von bedeutendem Talent, der die alten Schlösser und staubigsten Pergamente des österreichichen Adels eifrigst durchforschte.[47] Er fiel in Ungnade, weil er eine der harmlosesten Schriften verfaßte, die aber nicht genau mit den Ansichten der Regierung übereinstimmte. Alle seine und seines Onkels Anstrengungen während der Tiroler Aufstände konnten den kaiserlichen Argwohn nicht besänftigen. Er trägt das Brandmal des ärgsten Verbrechens in Österreich, – des Freisinns und Liberalismus, obwohl er seither eine Anzahl historischer Arbeiten und einen österreichischen Plutarch veröffentlichte, worin er beweist, daß alle österreichischen Herrscher, Albrecht I. und Ferdinand II. inbegriffen, Muster des Heldentums und der Tugend gewesen seien!!

Wer wollte es unter solchen und ähnlichen Umständen wagen, die Abneigung eines Monarchen auf sich zu ziehen, der da glaubt und behauptet, daß Philosophie, Dichtkunst und Geschichtsschreibung gefährliche Dinge und nur dazu bestimmt seien, jungen Leuten die Köpfe zu verdrehen und mit schädlichem Unsinn anzufüllen? Als Seine Majestät zuletzt Böhmen und Prag besuchte, spielte man ihm dort den *Hans Klachel von Přelouč* vor (Přelouč gilt als das böhmische Schilda). Als der Kaiser dem Landtage in Pest beiwohnte, gab man dort ihm zu Ehren *Die Bürger von Wien*. – Entsprechend den eigentümlichen Ansichten des Monarchen über geistiges Streben und seinen noch schlimmeren Aussprüchen werden „diese Sachen", wie er sie nennt, in Österreich behandelt. Das Burgtheater ist ihm tatsächlich ein Dorn im Auge, und es wird in jeder Hinsicht gezügelt. Goethe, Schiller, Müllner und Houwald werden von der Zensur schändlich zugerichtet, und Leute, welche eine besondere Vorliebe für *Wallenstein* oder für *Wilhelm Tell* zeigen, stehen unter sorgfältiger Überwachung. Dagegen werden die Ballette des Kärntnertor-Theaters möglichst gefördert. Der größten Gunst aber erfreut sich das Leopoldstädter Theater oder, wie es die Wiener nennen, das „Kasperltheater". Dort wirkt als erste Kraft Herr Schuster, dessen Äußeres, er ist häßlich und bucklig, Lachsalven hervorruft, bevor er noch zu sprechen beginnt. Herr Bäuerle, der Hausdichter des Leopoldstädter Theaters, liefert allmonatlich ein neues Stück. Da diese Possen nur Obszönitäten enthalten, sind sie nach österreichischer Ansicht harmlos und – passieren die Zensur ohne Schwierigkeiten.

Wir sahen Schuster in den schon genannten *Bürgern von Wien*, einer Komödie aus der Zeit der Franzosenkriege, wo die Wiener Bürger Wache stehen mußten. Der ehrliche Schuster hat Wachdienst, marschiert eilig auf und ab, während er sein Gewehr bald auf der rechten, bald auf der linken Schulter trägt und blickt ungeduldig auf die Uhr. Plötzlich erscheinen einige seiner Freunde, und zu allem Überdruß kommt noch seine Geliebte mit Speise und Trank daher. Er verläßt seinen Posten, und während er sich im nächsten Wirtshaus bei einer Flasche Bisamberger des Lebens erfreut, erscheint unvermutet sein Offizier, um ihn zu visitieren. Die Handlung dieses Stückes und vieler gleichartiger bildet dann die Jagd nach dem Deserteur und das Dazwischentreten des Mädchens, welches den Offizier mit Versprechungen zu beruhigen sucht, deren Süßigkeit sie ihn durch Küsse ahnen läßt. Während alle Wiener Theater wegen der verstümmelnden Hand des Zensors unter schlechten Einnahmen leiden, wirft das Leopoldstädter Theater jährlich mehr als fünftausend Pfund Sterling ab, für österreichische Verhältnisse eine bedeutende Summe.

Die Art und Weise, in der die österreichische Regierung jede Möglichkeit der Volksbildung unterbindet oder wenigstens einschränkt, spottet jeder Beschreibung. Keine Stadt der Welt zählt mehr Museen, Galerien, Sammlungen oder Bibliotheken als Wien, aber diese sind bloß tote Schätze. Ein Rundgang durch die Universität und ihre Bibliothek ist qualvoll. Die Bibliothek ist eine der reichsten Europas hinsichtlich medizinischer, juridischer, historischer und philosophischer Werke, aber Ketten sind um ihre besten Inhalte geschlungen. Das gleiche gilt für die Hofbibliothek mit ihrem herrlichen, großen Saal im Ausmaß von 240 mal 546 Fuß.

Es ist richtig, daß ein Fremder zu allen wissenschaftlichen Anstalten und Sammlungen, öffentlichen wie privaten, freien Zutritt genießt, ausgenommen die verbotenen Bücher, und es stimmt, daß die Wiener glücklich sind, wenn sie die Gelegenheit bekommen, ihre Reichtümer zeigen zu können. Als wir den von Herzog Albrecht von Sachsen-Teschen erbauten Palast des Erzherzogs besuchten, wurden wir auf unserem Rundgang durch das prachtvolle, aber etwas eigentümlich eingerichtete Haus durch Seine kaiserliche Hoheit aufgehalten, die sich in einem Nebenzimmer befand. Sobald der Erzherzog bemerkte, daß es sich um fremde Besucher handelte, zog er sich in einen anderen Raum zurück, und wir hatten nun reichlich Gelegenheit, die Elfenbein- und Ebenholzzimmer und die übrigen schönen Räume zu besichtigen.

Vergeblich aber würde man aber in Wien einen richtigen Sinn für die dort aufgehäuften Schätze, eine Liebe zu Kunst und Wissenschaft, oder Achtung vor hervorragenden Talenten suchen. Die Kunstschätze und Bibliotheken werden als Prunkstücke und nichts anderes behandelt. Selbst hervorragende Schriftsteller, wie Gentz und Schlegel, werden hier besoldet, – weniger um zu schreiben, als um nicht zu schreiben. Sie gelten sozusagen als geistige oder literarische Handelsleute. Im Belvedere, im Palast des Fürsten von Liechtenstein oder in der Galerie des Grafen Lamberg wird man vielleicht einen vereinzelten Besucher in einer Ecke antreffen, der gerade eine Kopie eines Christus oder einer Madonna anfertigt; und das ist auch schon alles.

So treibt in Wien alles auf eine derbe Genußsucht in allen Schichten des Volkes zu, auf stummen Gehorsam bei den Beamten – auf Verdrossenheit oder Verschwendungssucht unter der Aristokratie – und auf den vollendetsten Despotismus der Regierung. Diese hält mit den ehernen Klauen des Doppeladlers, des österreichischen Wappentieres, das ganze Reich in verderblicher und tödlicher Umklammerung.

Anmerkungen

Die vorliegende Leseausgabe beschränkt sich in ihrem Anmerkungsteil auf die von Postl/Sealsfield dem Originaltext nachgestellten *notes* (am Textende durch die Sigle Ch. S. gekennzeichnet) sowie auf einige, für das Verständnis als wichtig und hilfreich angesehene Angaben, die sich im wesentlichen mit dem genaueren und ausführlicheren Kommentarteil in der Textedition (1994) decken.

1) *alternden Monarchen ...:* Karl X. 1757-1830, Regierungszeit 1824–30

2) *eines großen Buchhändlers ...:* Johann Friedrich Cotta, 1764–1832; einer der wichtigsten Verleger um 1800, Begründer der *Allgemeinen Zeitung* (Augsburg, 1797 ff.) und des *Morgenblatt für gebildete Stände* (1807 ff.); C. war auch politisch tätig, z. B. im Württemberger Verfassungskampf und setzte diverse sozialkaritative Maßnahmen. Aufschlußreich zur Geistes- und Literaturgeschichte ist v. a. sein umfangreicher Briefwechsel mit Schiller und Goethe.

3) *zahlreichen jüdischen Studenten in Heidelberg ...:* Sealsfields Darstellung entspricht hier nicht der Realität, waren nämlich im Zeitraum zwischen 1823 und 1838 überhaupt jährlich nur höchstens 11 Studenten jüdischer Herkunft an der Universität (bei einem durchschnittlichen Neuzugang von 280 bis 450) pro Studienjahr immatrikuliert. Vgl. dazu: DIE MATRIKEL DER UNIVERSITÄT HEIDELBERG; bearbeitet von Gustav Toepke, 5. Teil, Heidelberg 1904, S. 189 ff. Ferner dazu: HANS-MARTIN MUMM: „Denkt nicht: Wir wolln's beim Alten lassen." Die Jahre der Emanzipation 1803–1862. In: NORBERT GIOVANNINI, JOHANNES BAUER, H. M. MUMM (HGG.): Jüdisches Leben in Heidelberg. Studien zu einer unterbrochenen Geschichte. Tübingen 1992, S. 21–59, hier S. 41. Ludwig Börne, der in Heidelberg studierte, bestätigte dies in einem Brief aus dem Jahr 1807: „Es studieren einige Juden hier von guter Familie, es ist aber merkwürdig, wie ängstlich es diese Menschen zu verbergen suchen, daß ihr Ahnherr gehinkt hat." Zit. Ebd. S. 42. Der jüdische Anteil an der Stadtbevölkerung hielt sich zwischen 1800 und 1860 ziemlich konstant, d. h., er umfaßte 200–300 Personen, darunter einige wohlhabende Familien, wie eine Liste des Steueraufkommens aus dem Jahr 1818 belegt. So brachten 38 Haushalte rund 180.000 Gulden auf, wovon 5 jeweils 20.820 und einer über 50.000. Dreizehn Haushalte lebten dagegen mit einer durchschnittlichen Steuerleistung von rund 500 Gulden nahe der Armutsgrenze. Vgl. EBD. S. 26 f. 1819 zählte Heidelberg neben Würzburg, Frankfurt, Darmstadt und Karlsruhe zu jenen süddeutschen Städten, in denen antisemitische Ausschreitungen stattfanden, die sog. *Hep-Hep-Kampagne.* Vgl. dazu auch LEON BOTSTEIN: Judentum und Modernität. Essays zur Rolle der Juden in der deutschen und österreichischen Kultur 1848–1938. Wien/Köln 1991, S. 21.

4) *Frankfurter Bundestag ... Bundeskommission in Mainz ...:* Gremien der seit 5. 11. 1816 regelmäßig zusammentretenden Bundesversammlung, die gemäß den Beschlüssen des Wiener Kongresses als Grundlage für die weitere verfas-

sungsmäßige Entwicklung der deutschen Staaten vorgesehen war. Sie wurden mit der Bundesakte vom 8. 6. 1815, unterzeichnet von 35 Staaten neben Österreich und Preußen, eingerichtet. Vgl. dazu: *Protokolle der deutschen Bundesversammlung.* Frankfurt/M., Bd. 1, H. 1, 1816. Zur Mainzer Kommission vgl. auch: DONALD E. EMERSON: Metternich and the Political Police. Security and Subversion in the Habsburg Empire 1815–1830. The Hague 1968, S. 52 f.

Hinsichtlich der die Juden betreffenden Maßnahmen dürfte Sealsfield auf die Verhandlungen zwischen der jüdischen Gemeinde Frankfurts und dem Bundestag Bezug nehmen, die 1824 mit einer Rücknahme bereits erworbener Rechte zuungunsten der jüdischen Gemeinde endeten und von ungünstiger Signalwirkung auf die rechtliche Stellung anderer Gemeinden waren. Laut großherzogl. Patent vom 28. 12. 1811 hatte nämlich die Frankfurter Gemeinde gegen 440.000 Gulden Ablöse, d. h. das 20fache des üblichen jährlichen Schutzgeldes, die Erlangung der vollen Bürgerrechte, einschließlich einer Vertretung im städtischen Magistrat, erreicht. Der Wiener Kongreß bestätigte dies im Art. 46, ebenso Metternich in einem Schreiben vom 9. 6. 1815 an den Vorsteher der jüdischen Gemeinde. (Vgl. dazu: *Protokolle der deutschen Bundesversammlung,* Bd. 1, H. 2, 1817, S. 145) Dagegen ließ der Frankfurter Magistrat staatsrechtliche Gutachten zwecks Annulierung des Patents von 1811 einholen.

Nach langwierigen Verhandlungen schloß sich der Bundestag 1824 im wesentlichen der Meinung des Magistrats an. Die Bürgerrechte der jüdischen Gemeinde wurden staatsrechtlich nicht anerkannt und privatrechtlich entscheidend eingeschränkt, insbesondere hinsichtlich der Gewerbefreiheit. Durch Festsetzung der jährlichen Eheschließungen auf 15 Paare wurde zudem der jüdische Bevölkerungsanteil einer strikten Kontrolle unterworfen: er schwankte zwischen 7,6% im Jahr 1800 (d. h. 3.100 von 40.500 Ew.) und 8,3% im Jahr 1850 (d. h. 4.900 von 59.000) nur unwesentlich. Vgl. dazu: PAUL ARNSBERG: Geschichte der Juden in Frankfurt seit der Französischen Revolution. Darmstadt 1983.

5) *für fremde Politik hinschlachten zu lassen ...:* bezieht sich auf die im 18. Jh. weit verbreitete Praxis des Soldatenhandels seitens der deutschen Fürsten. Vgl. dazu: LEO BALET, E. GERHARD: Die Verbürgerlichung der deutschen Kunst, Literatur und Musik im 18. Jahrhundert. Hg. v. G. Mattenklott, Frankfurt/M. Berlin, Wien 1973, S. 55–60.
   Neben Schillers *Kabale und Liebe* vgl. dazu den auf authentischer Erfahrung beruhenden Bericht von JOHANN G. SEUME: Mein Leben. (1813; Neuaufl. Stuttgart 1961, Reclam)

6) *Gesandten beeinträchtigt ...:* „Die Botschafter zum deutschen Bundestag sind selbstverständlich nichts anderes als Zensoren, die mit der Überwachung neu erscheinender literarischer Schriften beauftragt sind. Einen anderen Wirkungskreis haben sie nicht." (Ch. S.)

7) *Tiefe ihres Empfindens ...:* „Als wir Heidelberg besuchten, war der unglückliche Exkönig von Schweden, Graf Gustavsson, in unserem Gasthause abgestiegen.

Er hatte eben die Postkutsche verlassen und betrat den Speisesaal des Hotels in einfacher, sogar vernachlässigter Kleidung, ohne Diener, den Mantelsack in der Hand. Der Saal war voll von Reisenden und Studenten, die sich lebhaft aber ruhig unterhielten. Als der entthronte Monarch eintrat, entstand eine tiefe und achtungsvolle Stille, die Studenten hörten auf zu rauchen und der am oberen Ende der Wirtstafel sitzende Gast erhob sich, um dem vornehmen Fremden Platz zu machen. Der Wirt näherte sich und frug, ob es genehm wäre, eine eben eingetroffene Musikergesellschaft anzuhören. Der frühere König stimmte zu, es wurde aber vermieden, die Musik – wie üblich – das erste Stück nach seiner Wahl spielen zu lassen, da man wußte, daß Graf Gustavsson arm und gezwungen gewesen sei, sein Gepäck in Basel zu verpfänden. Niemand wagte es, den entthronten Monarchen zu verspotten, im Gegenteil, er fand überall hohe Achtung seitens der gesamten Gesellschaft, die weder Kriecherei noch anmaßenden Stolz gegen die gefallene Größe zeigte. Wir äußerten uns darüber befriedigt zu einem jungen Mann in Burschenschaftertracht, der darauf erwiderte: „Mein Herr, für den Kaiser von Österreich hätten wir nicht so viel Achtung, aber der Graf Gustavsson ist unglücklich." – Und mit erhobener Stimme fügte er hinzu: „Schmach dem Elenden, der den Schmerz des Unterdrückten vermehrt." (Anm. Ch. S.) Gustav IV, 1778–1837, entthront 1809. Führte unter dem Namen Oberst Graf Gustavsson ein bewegtes und unstetes Leben.

8) *Walter Scott,* 1771–1832, begann als Übersetzer von Balladen G. A. Bürgers und von Goethes „Götz von Berlichingen" ins Englische (1796–1799). Den literarischen Durchbruch schaffte Scott mit seinen historischen Romanen wie z. B. *Waverley or sixty years ago* (1814), *The Heart of Midlothian* (1818), *Ivanhoe* (1819) oder *Kenilworth* (1821), insbesondere außerhalb von England. Zur Wirkung von Scott in Deutschland vgl.: HARTMUT STEINECKE: Die Rezeption der historischen Romane Walter Scotts in Deutschland von Willibald Alexis bis Theodor Fontane. In: DERS.: Romanpoetik von Goethe bis Thomas Mann, München 1987.

9) *Thomas Moore,* 1759–1832, irischer Dichter, Freund Byrons. Hauptwerk: *A selection of Irish melodies* (10 Tl. 1808–34), ferner oriental. Verserzählung *Lalla Rookh* (1817, deutsche Übers. 1817) und Gesellschaftssatiren.

10) *William Cowper,* 1731–1800, engl. Lyriker und Vorläufer der Natur-Romantik, bes. im Zyklus *The task* (1785), starb in geistiger Umnachtung; „für die Herausbildung einer freieren und geschmackvolleren Form der englischen Poesie von Wichtigkeit." Zit. nach: THEODOR MUNDT: Allgemeine Literaturgeschichte. Berlin 1846, Bd. 3; S. 373.

11) *Poniatowski:* Fürst Johann Anton P.: 1762–1813, befehligte in der Schlacht von Leipzig ein französisches Korps und ertrank beim Rückzug im Fluß Elster.

12) *Sand ...:* Karl Ludwig Sand, 1759–1820, Student der Theologie, Burschenschafter, ermordete am 23. 3. 1819 den Schriftsteller und russischen Staatsrat August v. Kotzebue (geb. 1785). Diese Tat gilt als auslösendes Moment für die schon länger ins Auge gefaßten und durch die Bundesversammlung am 20. 9. 1819 erlassenen *Karlsbader Beschlüsse.* Von Metternich und seinem Staats-

sekretär Friedrich v. Gentz ausgearbeitet, bedeuteten diese eine Verschärfung der Pressegesetze, indem die Vorzensur auf alle Schriften unter 20 Bogen (320 Seiten) Umfang verpflichtend vorgeschrieben wurde. Zugleich waren sie der Auftakt zur Disziplinierung kritischer Professoren an den deutschen und österreichischen Universitäten. Zu Sand vgl. ferner KARL A.V. MÜLLER: Karl Sand. München 1919, ²1925.

Kotzebue: Verf. von rund 230 Theaterstücken, daneben mehreren Romanen, Reisebeschreibungen und autobiogr. Schriften, z. B. *Das merkwürdigste Jahr meines Lebens* (1801, mit Bezug auf seine Gefangenschaft in Sibirien wegen Jakobinerverdachts); Konflikt mit Goethe 1803 ff. aufgrund K.s. Weigerung G.s. Lustspiel *Die deutschen Kleinstädter* aufzuführen; Herausgeber der gegen Goethe und die Brüder Schlegel gerichteten Zeitschrift *Der Freimüthige*, Berlin 1803–6; 1817 Grd. d. *Litterarischen Wochenblatts* und Rückkehr nach Weimar.

13) *Lord Findlaters Tempel* ...: James Earl of Findlater and Seafield, schottischer Aristokrat, der seit 1790 vorwiegend in Dresden und Nordböhmen lebte; baute in verschiedenen Orten Parkanlagen u. a. auch in Karlsbad. Vgl. dazu: VICTOR HAMBURGER: Sealsfield-Postl. Wien 1879, S. 21 f. Hamburger vertritt dort die These, die Pseudonymwahl ‚Sealsfield‘ könnte von der Begegnung mit Findlater herrühren.

14) *des Krok* ...: Laut Chronik des Domdechanten Cosmas (um 1125), dem ältesten Quellenwerk zur böhmisch-tchechischen Geschichte, handelte es sich hierbei um eine mythische Herrschergestalt aus einem ‚goldenen‘ Zeitalter, in dem weder Eigentums- noch Herrschaftsrechte ausgebildet waren. Die archaisch-arkadischen Züge dieses Zeitalters werden auch in der *Kronika ceska* von Hajek v. Libotschan (1540) unterstrichen. Diese Chronik, auf die übrigens auch Grillparzer in seinen historischen Böhmen-Studien zurückgriff (vgl. Tagebuch), liefert die Vorgeschichte der Krok-Gestalt nach und führt die feenhaften Eigenschaften seiner Töchter (darunter Libussa) auf deren Mutter Niva zurück, die als Nymphe galt. Der Krok-Komplex ist also unmittelbar mit dem Libussa-Stoff und dem Gründungsmythos von Prag verbunden. Die erste deutsche Bearbeitung des Stoffes findet sich bei Hans Sachs in dessen Versgedicht *Über den Ursprung des Behemischen Land- und Königreiches* (1537), das zur Vorlage mehrerer späterer dramatischer Bearbeitungen wurde. Von Herder als böhmisches ‚Volkslied‘ wiederentdeckt, fand es Eingang in Musäus' *Volksmärchen der Deutschen* (1782 ff.) Zum Libussa-Stoff vgl. E. FRENZEL: Stoffe der Weltliteratur, ⁷1988, S. 437 f. Neben Grillparzer, der seit 1822 den Stoff bearbeitet, das Drama jedoch erst 1848 fertiggestellt hat (UA 1874), ist auf folgende zeitgenössische Gestaltungen hinzuweisen: C. BRENTANO: *Die Grundung Prags* (1815), Karl E. EBERT: *Wlasta* (1829); zur Stoffgeschichte vgl. auch Th. MUNDT: *Madonna* S. 302–338.

15) *vor solchem Beginnen zurückschrecken* ...: „Während der Regierung Ferdinand II. unseligen Angedenkens wurden in Böhmen allein nicht weniger als 50.000 Bücher und Handschriften in böhmischer Sprache von den Jesuiten verbrannt." (Ch. S.)

16) *Königgrätz ...:* Klarwill weist in seiner Ausgabe mit Bezug auf A. Springer darauf hin, daß Königgrätz in der Ständeversammlung nur das Recht ad audiendum besessen hat, die nicht erwähnte Stadt Kuttenberg dagegen Sitz und Stimme.

17) *wenigst geförderte Provinz in Österreich ...:* diese Wahrnehmung findet sich auch bei: ANTON J. GROSS-HOFFINGER: Österreich wie es ist. Leipzig 1833, T. 1, S. 63 f.: „Böhmen und Mähren seufzen unter dem Drucke der unsichtbaren Leibeigenschaft." Vgl. dagegen die zeitgenöss. Wirtschaftsdaten, die Böhmen und Mähren in vielen Sparten an vorderer Stelle plaziert sahen, z. B. in der Textilindustrie (über 80% der Wollwarenproduktion, 1841), Zuckerindustrie (44,1% in Böhmen, 1844) und im Maschinenbau (rund 35% bzw. rund 60% mit Mähren um 1840). Vgl. DAVID F. GOOD: Der wirtschaftliche Aufstieg des Habsburgerreiches 1750–1914. Wien/Köln/Graz 1986, S. 51 f.

18) *Siddons ...:* Sara Siddons, 1755–1831, engl. Schauspielerin, berühmt im tragischen Fach.

19) *Prager Universität ...:* „Unter Ferdinand II. besaß Prag zwei Universitäten; die eine von Karl IV., die andere von den Hussiten begründet. Die zweite wurde vom Kaiser aufgelöst. Die Behauptung, daß die Prager Universität 30.000 Hörer gehabt hätte, ist wohl übertrieben, da nicht einmal jetzt in ganz Europa 30.000 Universitätshörer leben." (Ch. S.)

20) *Bolzano ...:* Bernhard Bolzano; 1781–1848; Mathematiker und Philosoph, Exponent d. Leibnitzschen Logik, 1805–1820 Prof. an der theolog. Fakultät in Prag; Verfechter josephinischer Ideen. Wurde beschuldigt, nach dem Katechismus von F. Schelling vorzutragen und Sympathien für liberale Ideen zu hegen. Lebte nach seiner Amtsenthebung in ärmlichen Verhältnissen. Hauptwerk: *Wissenschaftslehre* (1837). Bolzanos politisches Vermächtnis, ein Versuch einer Synthese von staatsautoritativen Maximen und praedemokratischen Ansprüchen, ist niedergelegt in der Schrift: *Von dem besten Staat* (1846 fertiggest.) Bolzanos Amtsenthebung ging auf eine Intrige des Beichtvaters von Ks. Franz, Jakob Frint, zurück. Zur Bedeutung Bolzanos vgl. v. a. ERNST KARL WINTER: Romantismus, Restauration und Frühliberalismus im österreichischen Vormärz. Wien 1968, Europa-Verlag, S. 149 ff. Ferner: WILLIAM M. JOHNSTON: Österreichische Kultur- und Geistesgeschichte. Gesellschaft und Ideen im Donauraum. Wien/Köln ²1980, Böhlau, S. 280 f.

21) *Studienaufsicht ...:* „Die österreichischen Volksschulen unterstehen ebenfalls der Geistlichkeit. Die oberste Leitung führt in jeder Provinz ein Scholastikus, ein Domherr, der die Berichte seiner Untergebenen prüft und an die Regierung weiterleitet. Private Schulen sind verboten, es muß aber zugestanden werden, daß das Erziehungssystem großzügig organisiert ist, wenn es auch der freisinnigen Methode entbehrt. Fast jedes Dorf besitzt eine Volksschule und die Lehrer werden entweder von der Regierung oder von der Grundherrschaft bezahlt. Arme Kinder werden kostenlos unterrichtet. Die Professoren der Gymnasien und Universitäten sind Staatsbeamte. In der Studienordnung nicht enthaltene Vorlesungen werden so schlecht bezahlt, daß die meisten Professoren darauf verzichten, mehr Vorträge zu halten als unbedingt notwendig. Die

Kollegiengelder der Universitäten sind ungemein niedrig und die meisten Studenten sind davon befreit. Ein Gesuch an die Regierung erwirkt diese Begünstigung." (Ch. S.)

22) *Prag eine der malerischsten ... Städte:* vgl. auch die Beschreibung bei Grillparzer anläßlich seiner Deutschlandreise 1826: „Ich kam mit einer Art Vorurteil gegen Prag hier an [...] Demungeachtet aber konnte ich mich des grandiosen Eindrucks nicht erwehren, den diese Stadt auf jeden Beschauenden machen muß." In: Tagebuch, Nr. 1489,Vgl. FRANZ GRILLPARZER: Sämtliche Werke. 2. Abt. Bd. 8: Tagebücher und literarische Skizzen. Zweiter Teil; Hg. August Sauer, Wien 1919, S. 223. Zu Prag vgl. ferner: W. A. GERLE: Prag und seine Merkwürdigkeiten. Prag 1825, [2]1830, auf den mehrere zeitgenöss. Reisebeschreibungen zurückgriffen.

23) *Marengo ...:* Niederlage des österr.-russ. Heeres am 14. 6. 1800, nachdem Napoleon, aus Ägypten zurückgekehrt, mit der *Proclamation publique de la Constitution de l'an VIII* vom 15. 12. 1799 de facto eine Militärdiktatur errichtet (Staatsstreich vom 18. Brumaire, Napoleon „Erster Konsul" auf zehn Jahre) und das Kommando der Italienarmee nach einem vergeblichen Friedensangebot an das zu Beginn des 2. Koalitionskrieges (1799–1802) erfolgreiche Österreich übernommen hatte. Marengo und der 18. Brumaire galten den meisten Zeitgenossen als Wendepunkte in der Laufbahn Napoleons, d. h. als Abkehr von den republikanisch-progressiven Ideen von 1789. Vgl. dazu z. B. H. Heine: *Reise von München nach Genua* (1828), Kap.: XXIX: „... meine Huldigung gilt nicht den Handlungen, sondern nur dem Genius des Mannes. Unbedingt liebe ich ihn nur bis zum achtzehnten Brumaire – da verriet er die Freiheit." bzw. Kap. XXX und XXXI (Reflexionen am Schlachtfeld von Marengo) zit. nach: H. HEINE: Säkularausgabe. Reisebilder II. bearb. von Christa Stöcker, Bd. 6; Paris/Weimar 1986, S. 60.
   Ulm ...: Kapitulation der österr. Truppen unter Mack am 20. 10. 1805, der die Beweglichkeit des französischen Heeres sträflich unterschätzt hatte. Vgl. dazu: E. ZÖLLNER: Geschichte Österreichs. S. 336.

24) *schlechten Frieden ...:* Frieden von Schönbrunn, 14. 10. 1809; Verlust von Salzburg, Innviertel, Teile des Hausruckviertels an Bayern, Verlust des Zugangs zur Adria durch Abtretung aller Gebiete südlich der Drau, die mit Krain und Kroatien südlich der Save den 1805 eingerichteten französischen „Illyrischen Provinzen" (Vorher bestehend aus Istrien und Dalmatien) zugeschlagen wurden. Nach den Bestimmungen des Friedensvertrages durfte Österreich auch den weiterkämpfenden Tirolern keine Unterstützung zukommen lassen.

25) *Minister des Äußeren ...:* gemeint ist Klemens Lothar Wenzel Fürst Metternich (1773–1859)

26) *John Bull ...:* Bezeichnung für England; entstammt dem politisch-satirischen Traktat von DAVID HUME *The history of the proceedings in the case of Margaret, commonly called Peg only lawful sister to John Bull esq.* (1760). Hintergrund dieses fiktionalisierten Traktats war der schwelende Konflikt zwischen England und Schottland bzw. der größere Kontext des Siebenjährigen Krieges, der England gegen Frankreich gestellt sah. Hume läßt daher auch die anderen

Staaten in Redefiguren auftreten, Frankreich als *Lewis Baboon* oder Österreich als *South*, sowie die wichtigsten zeitgenössischen englischen Politiker, v. a. William Pitt den Älteren. Eine deutsche Ausgabe dieses Textes ist nach dem „Gesamtverzeichnis des deutschsprachigen Schrifttums" nicht nachgewiesen.

27) *eigenen König wählen ...:* meint das Angebot Napoleons an die Ungarn, in der Person des Fürsten Esterhazy, der dies zurückgewiesen hat, ein Nationalkönigtum zu begründen

28) *Freiheit der Sprache auf dem ungarischen Landtag ...:* (eigentl. Reichstag) bezieht sich vermutlich auf das forsche Auftreten von Grf. Stephan Széchenyi (1791–1860), der am RT von Preßburg 1825 mittels einer großzügigen Stiftung, d.h. eines Jahresertrages seiner Güter [rund 60.000 Gulden], die Gründung der ungarischen Akademie der Wissenschaften ermöglichte und sich schnell als intellektuell-politische Instanz der ungar. Adelsopposition profilierte. Zugleich dürfte S. auch eine Anspielung auf den Protest des Reichstages gegen die königl. Zentralkommissäre vorgenommen haben.
    Graf P ...: vermutl. Graf Fidel Pálffy, 1825 zum Obergespan ernannt, d. h. zum polit. Höchstverantwortlichen in einem Komitat.

29) *Herzog von Reichstadt ...:* Napoleon Franz Josef Karl Hz. v. Reichstadt, 1811–32, Sohn aus der Ehe Napoleons mit Marie Luise v. Österreich.

30) *Österreich von der Gnade Rußlands ...:* „In gut unterrichteten Kreisen wird allgemein gemunkelt, daß Metternich vom russischen Hofe ein viel höheres Gehalt bezieht, als jenes, welches er vom österreichischen Kaiser empfängt, und daß dieser darum wisse. Die Richtigkeit dieser Behauptung ist schwer festzustellen, angesichts der folgenden verbürgten Anekdote gewinnt sie aber an Wahrscheinlichkeit. Ein Mann hatte für Heereslieferungen einen größeren Betrag zu fordern, war aber nicht im Stande, diese Summe zu erhalten und wandte sich deshalb an den Kaiser. – „Waren Sie schon beim Hofrat N.?" frug der Kaiser. – „Ja, Majestät." – „Was sagt der?" – „Ich muß warten." – „Also gehen Sie noch einmal hin. Wenn Sie aber gut fahren wollen," sagte der Kaiser, Daumen und Zeigefinger gegeneinander reibend, „so müssen Sie gut schmieren." (Ch. S.)

31) *Schicksal von Ungarn ...:* „Der Despotismus in Österreich ist zu schrankenlos, um noch lange fortdauern zu können. Der Adel wird seiner Macht und des ihm gebührenden Einflusses bewußt werden. Wenn die Regierung bei ihrer jetzigen Haltung verharrt, so würden die Bande, welche jetzt die Teile des Reiches verbinden, sich lockern und schließlich gänzlich zerreißen." (Ch. S.)

32) *Piemont mit österr. Soldaten überschwemmt ...:* österr. Intervention 1821.
    Expedition nach Spanien ...: französ. Intervention 1822 nach einer Revolte der Liberalen und des Großteils der Armee. Gefangennahme des absolut regierenden Ferdinand VIII; Niederschlagung des Aufstandes 1823, französ. Besatzung bis 1828; Unterdrückung aller liberalen Reformbewegungen, auch im Bereich von Kultur und Literatur, z. B. Verbot der wichtigen Programmzeitschrift „El Europeo".

33) *ungeheure Spinne ...:* in der zeitgenöss. Literatur meist Metapher für Obskurantismus oder für den Herrschaftsanspruch der katholischen Kirche, v. a. bei H.

HEINE, *Die Nordsee;* In: Säkularausgabe. Bd. 5, S. 62: „Wie eine Riesenspinne saß Rom im Mittelpunkt der lateinischen Welt." Das Spinnenmotiv findet sich bei Sealsfield auch in den späteren Romanen, wo es meist für korrupte Machtverhältnisse steht. Vgl. z. B.: *Der Virey und die Aristokraten oder Mexiko im Jahre 1812* (1834) Kap. 33 (Bd. 2, S. 35).

34) *Fürst Esterházy ...:* „Das Haus Habsburg schuldet der Familie Esterházy besonderen Dank sowohl für die Erwerbung der ungarischen Königskrone als auch für deren ungestörten Besitz. Im Jahr 1805, nach der fatalen Kapitulation der österreichischen Truppen in Ulm, standen die österreichischen Kräfte an der Donau unter dem Kommando des Fürsten A-y, der beauftragt war, die Holzbrücke über die Donau nach Wien abzureißen. Er mißachtete den Befehl, und Napoleon marschierte ohne Hindernisse in Verfolgung der österreichischen und russischen Armeen nach Mähren weiter. Die Niederlage in der Schlacht von Austerlitz war die Konsequenz. Erzherzog Karl befand sich mit seiner Armee zwei Tagesmärsche vom Schlachtfeld entfernt – und kam zu spät. Der Schrei nach Verrat von A-y war allgegenwärtig; in Großbritannien, Frankreich Preußen oder Rußland wäre er zweifellos erschossen worden. In Österreich kam er mit einigen Jahren Verbannung vom kaiserlichen Hof in Wien weg." (Ch. S.)

35) *ihre Adelsbriefe ...:* „So enthält zum Beispiel die Mailänder Bibliothek unter anderen Merkwürdigkeiten den Adelsbrief, den der Herzog Galeazzo der Familie seiner Geliebten verliehen hat. Die Ursache dieser Rangerhöhung ist in dem Diplom ganz offenherzig ausgesprochen: „Ob delectationem praecipuam corpori nostro ab illa praestitam." – Der Papst Sixtus V. erhob seine Schwester, eine schlichte Waschfrau, zur Fürstin. Tags darauf beklagt sich Pasquino über sein schmutziges Hemd. Marsorio fragt ihn um den Grund. „Ja weißt du nicht", antwortete Pasquino, „daß méine Frau zur Fürstin geworden ist?" Darüber geriet der Papst in helle Wut und verhieß demjenigen, der den kühnen Sprecher nennen könne, tausend Goldkronen. Vergebens. Das Angebot wurde wiederholt und dem Verbrecher im voraus das Leben geschenkt, wenn er sich selbst nenne. Dieser Plan gelingt, der kühne Spötter bleibt am Leben, aber man schneidet ihm die Zunge ab. – Eine Anzahl der ersten französischen Familien stammt bekanntlich von den La Vallière und Gabriele d'Estrée ab. Wir sprechen hier nur von den alten ungarischen, böhmischen und österreichischen Adelsfamilien, wenn wir ihre hohe Achtbarkeit betonen. Jene, welche aus Italien, Deutschland oder Frankreich nach Österreich kamen, um dort ihr Glück zu machen, sind nicht gemeint. Diese Familien sind sehr zahlreich, und wenn auch unter ihnen einzelne untadelhaft sind, so liegt doch in ihnen der Hauptgrund für die so häufig gehörte Behauptung von der Verderbtheit des österreichischen Adels. Ein bodenständiger Adel ist überall angesehen, denn ein Edelmann muß schon ziemlich entartet sein [high degree of evil propensity], um von den ererbten Grundsätzen seiner Ahnen abzuirren und dadurch von seinen Landsleuten und Standesgenossen geächtet zu werden. Anders verhält es sich mit jenen, die von einem Land in das andere auswandern. Diese taugen meist nicht viel." (Ch. S.)

36) *Lieblingssprache dieser Kreise* ...: „Es wird kaum einen österreichischen Adeligen geben, der nicht gut französisch, englisch und italienisch lesen und schreiben würde. Dies meisten unter ihnen halten sich Zeitungen dieser Länder. In dieser Hinsicht sind sie freilich von den allgemeinen Verboten ausgenommen." (Ch. S.)

37) *deutschen Zeitungen gelesen* ... Es gibt folgende Zeitschriften: Der Sammler, Die Jahrbücher der Literatur, Der österreichische Plutarch und ein, zwei weniger bedeutende Blätter. Jeder Provinz mit eigenem Gubernium wird eine Zeitung zugestanden." (Ch. S.)

38) *in den sogenannten Deutschen ausgeht* ...: Die Deutschen unterscheiden beim Walzer: der erste, der Landler, ist ein langsamer Walzer, der Walzer hält etwa die Mitte zwischen dem Landler und dem „Deutschen", der ein sehr schneller Tanz ist." (Ch. S.)

39) *liberale Salons* ...: Anspielung auf Salons wie jenen der Fanny v. Arnstein; 1757–1818, deren Tochter Henriette Peireira ebenfalls einen Salon unterhielt, den auch Grillparzer frequentierte. Vgl. dazu: HANS TIETZE: Die Juden Wiens, S. 141 f. Tietze zitiert auch einen Bericht Sedlnitzkys an den Kaiser vom 8. 5. 1824, in dem auf die Verflechtung von Ökonomie und liberale Ideen hingewiesen wird: „Der sogenannte liberale Geist scheint auch einen Teil der schnell reich gewordenen Klasse hiesiger Juden ergriffen zu haben ..." (Ebd. S. 154) Zur Thematik ferner: WOLFGANG HÄUSLER: Aus dem Ghetto. Der Aufbruch des österreichischen Judentums in das bürgerliche Zeitalter. In: *Conditio Judaica;* Hg. von O. Horch, H. Denkler, T. 1, Tübingen 1988, S. 47–70. Zur Gestalt Fanny v. Arnstein vgl. die literar. Biographie von HILDE SPIEL: Fanny von Arnstein oder Die Emanzipation (1962).

40) *der Beamte* ...: „In Wien haben folgende Behörden ihren Sitz: 1. Der Staatsrat; 2. die k. k. Vereinigte Hofkanzlei; 3. die k. k. Hofstudienkommission; 4. die königlich ungarische Kanzlei; 5. die königlich siebenbürgische Hofkanzlei; 6. die k. k. Allgemeine Hofkammer; 7. die k. k. Hofkammer im Münz- und Bergwesen; 8. die k. k. Oberste Justizstelle mit der k.k. Hofkommission in Justizgesetzsachen; 9. die Oberste Polizei- und Zensurhofstelle mit dem Obersten Zensurkollegium; 10. der k. k. Hofkriegsrat; 11. das k. k. Generalrechnungsdirektorium; 12. die k. k. Geheime Haus-, Hof- und Staatskanzlei. – Nach einem alten städtischen Gesetz sind die zweiten und dritten Stockwerke der Häuser in der Inneren Stadt Wien ausschließlich für Beamte reserviert. Die österreichischen Stadtordnungen unterscheiden zwischen Häusern in bürgerlichen und adeligen Besitz. Die letzteren sind in der Landtafel eingetragen, zahlen weniger Steuer und unterliegen nicht der Einquartierung. Dagegen dürfen adelige Häuser grundsätzlich nicht an Geschäftsbetriebe vermietet werden. Die Häuser bürgerlichen Besitzes werden im städtischen Grundbuch geführt." (Ch. S.)

41) *Gehalt von 5000 Gulden* ...: diese Summe findet sich auch in: WALTRAUD HEINDL: Gehorsame Rebellen; S. 271 f. Nach zeitgenöss. Statistiken waren rund 500 Gulden für die laufenden Jahresausgaben erforderlich; zum Lebensstil des Adels zählte jedoch ein Mindestetat von 20.000 Gulden.

42) *österreichische Infanterie:* „Die österreichische Infanterie besteht aus 30 Grena-
dierbataillonen in der Stärke von je 800 Mann, 46 Linieninfanterieregi-
mentern und 17 Grenzinfanterieregimentern. Jedes Regiment hat im Frieden
drei Bataillone zu 800 Mann, im Krieg sechs Bataillone zu 1000 Mann. Österreich stellt im Kriege noch 120.000 Mann Landwehr auf und Ungarn die sogenannte Insurrektion mit 50.000 Mann. Hierzu kommen noch acht
Jägerbataillone und fünf Artillerieregimenter mit 20.000 Mann und den entsprechenden Bombardier- und Fuhrwerkskorps. Die Kavallerie setzt sich zu-
sammen aus zwölf Husarenregimentern zu 800 Reitern, acht Kürassier-
regimentern, acht Dragonerregimentern und vier Ulanenregimentern, jedes
ebenfalls 800 Reiter. Der Friedensstand der Armee beträgt 270.000 Mann, im
Krieg zählt sie 650.000 Mann. Diese Truppen ergänzen sich aus den deutschen, polnischen, böhmischen und italienischen Provinzen. Ungarn hat eine
eigene Militärverfassung. Für die gemeinen Soldaten besteht in Österreich
noch die Prügelstrafe und das Gassenlaufen. Der Infanterist erhält eine
Tageslöhnung von sechs Kreuzern, wovon er noch das Fleisch bezahlen muß.
Seinen sonstigen Lebensbedarf erhält er von der Militärverwaltung. Die
Grenadiere, Artilleristen und Kavalleristen erhalten acht und zehn Kreuzer.
Die Offiziere beziehen folgende Monatsgagen: Fähnrich 19 Gulden 42
Kreuzer, Unterleutnant 22 Gulden 37 Kreuzer, Oberleutnant 26 Gulden
48,75 Kreuzer, Kapitänleutnant 39 Gulden, 43,75 Kreuzer, Hauptmann 71
Gulden 42,5 Kreuzer, Major 79 Gulden, Oberstleutnant 110 Gulden, 9,25
Kreuzer, Oberst 149 Gulden, 33,75 Kreuzer, Feldmarschall 10.000 Gulden
jährlich. Die Oberste besitzen über ihre Untergebenen das Schwertrecht. Die
Regimenter unterstehen in den Provinzen den sogenannten Generalkom-
manden. Die oberste Militärbehörde ist der der Hofkriegsrat." (Ch. S.)
V. Klarwill bemerkt im Anschluß an diese Anmerkung, Sealsfield hätte im
engl. Original falsche Zahlen eingesetzt, welche von ihm, Klarwill, richtigge-
stellt wurden. Zudem hätten die Bezüge in den verschiedenen Erbländern
ziemlich differiert.

43) *Hammer...:* Joseph v. Hammer-Purgstall, 1774–1856; Berühmter Orientalist
und Vermittler der arabischen Literatur und Kultur nach Europa. Mit seiner
Übersetzung der persischen Ghaselensammlung *Der Diwan von Mohammed
Schemsed-Din Hafis* (1798–1813, ersch. 1814) gab H. Goethe entscheidende
Anstöße zu seiner Arbeit am *West-Östlichen Diwan*. Übertragung von
Märchen aus *Tausendundeiner Nacht* und bedeutende wissenschaftl. Werke wie
z. B. *Geschichte der Osmanischen Dichtkunst bis auf unsere Zeit* (4 Bde.
1836–38) oder *Literaturgeschichte der Araber* (7 Bde. 1850–56). Mitarbeit an
zahlr. Zeitschriften der Zeit, v. a. an den *Jahrbüchern der Literatur*, in denen
Hammer jährlich beinahe die gesamte neuerschienene englisch-französische
und deutsche Orientliteratur vorstellte und besprach.

44) *so enge Grenzen gezogen ...:* „Durch kaiserliche Verordnung vom Jahre 1808
wurde eine Lehrkanzel für Religionsphilosophie errichtet und der philosophischen Fakultät angegliedert. Auf diese Lehrkanzel wurden die hervorragendsten Gelehrten berufen, die ausgezeichnete Lehrerfolge erzielten. Ein allge-

meiner, ganz ungewöhnlicher geistiger Fortschritt machte sich fühlbar. Aber die österreichische akademische Jugend wurde durch diese Vorlesungen zu geistigen Protestanten katholischen Bekenntnisses. Seine Majestät richtete an den Minister des Innern, Grafen Saurau, folgendes Handschreiben:

„Ich wünsche, daß meine Studenten sich an die Glaubenssätze halten und nicht darüber disputieren."

Diese kaiserliche Äußerung war Gesetz, nach dem man sich zu richten hatte. Diejenigen, welche der neuen Ordnung nicht augenblicklich Folge leisteten, wurden aus ihrem Amte entfernt oder eingesperrt. Die Studenten, welche sich dagegen auflehnten, wurden als gemeine Soldaten an die türkische Grenze geschickt. Unter den Gemaßregelten befand sich auch der Professor für Religionsphilosophie an der Wiener Universität. An seine Stelle trat ein Liguorianerpriester [= Jesuit, Anm. d. Hrsg.]. Gegen die Angehörigen dieses Ordens erhob sich ein allgemeiner Schrei des Unwillens. Es erschienen Schmähschriften gegen sie, und auch sonst wurde aller mögliche Widerstand versucht. Des Kaisers eigener Bruder, Erzherzog Rudolf, Kardinal-Fürsterzbischof von Olmütz, weigerte sich, die Liguorianer in seiner Diözese zu dulden. Aber der Kaiser bestand auf seinem Willen, und der Orden erhielt die Kirche „Maria Stiegen" mit einem jährlichen Einkommen von 20.000 Pfund zugewiesen. Die gleichen Grundsätze und Ansichten waren maßgebend, als man im Jahre 1821 eine protestantisch-theologische Fakultät errichtete, um dadurch die österreichischen Protestanten von den deutschen Universitäten fernzuhalten. der Direktor dieser Schule, Herr Glatz, ist ein ausgezeichneter Gelehrter und Prediger. Die Anstalt bietet jedoch nur einen sehr schwachen Ersatz für eine wirklich protestantisch-theologische Fakultät." (Ch. S.)

Der von Sealsfield erwähnte Gemaßregelte war Vinzenz Weintridt, Professor für Religionsgeschichte. Er wurde 1820 gleichzeitig mit Bolzano vom Lehramt suspendiert. Erzherzog Rudolf, 1788–1833, war ein Freund und Schüler Beethovens und erster Protektor der Gesellschaft der Musikfreunde in Wien. Der genannte Pädagoge und Schriftsteller Jakob Glatz, 1767–1831, war, wie Klarwill nachweist, nicht Direktor jener Fakultät. Vgl. Anm. 170, SW, Bd. 3, S. 239.

45) *die übrigen Journale Wiens ...:* Anfang der 20er Jahre erschienen in Wien folgende literarische, wissenschaftliche und belletristische Journale (mit Angabe der verantw. Redakteure): Literarischer Anzeiger (seit 1819; M. Schmidl); Archiv für Geographie, Historie, Staats- und Kriegskunst (seit 1809, J. v. Hormayr); Briefe des jüngsten Eipeldauers an seinen Herrn Vetter in Kakran (A. Bäuerle); Concordia (seit 1820, F. Schlegel); Conversationsblatt (seit 1819, I. F. Castelli) Fundgruben des Orients (J. v. Hammer); Geist der Zeit (seit 1811, W. Tielke); Hermes (in neugriech. Sprache, seit 1811); Jahrbücher der Literatur (seit 1818, M. v. Collin); Der Sammler (seit 1809, J. v. Portenschlag); Wiener allgemeine Theaterzeitung (A. Bäuerle); Wiener Zeitschrift für Kunst, Literatur, Theater und Mode (J. Schickh); hinzu kamen noch mehrere jährlich erscheinende Taschenbücher; Vgl. dazu: FRIEDRICH H. BÖCKH: Merkwürdigkeiten der Haupt- und Residenzstadt Wien und ihrer nächsten Umgebung. Ein Handbuch für Einheimische und Fremde. Wien 1823, 2 Teile.

46) *Alxinger ...:* Johann Baptist Alxinger, 1755–1797; österr. Schriftsteller, Aufklärer und Josephiner, der, von Wieland beeinflußt, in Wien eine urbane literarische Kultur zu etablieren suchte. Um 1793/94 hoffte er ein ambitiöses publizistische Vorhaben, und zwar die mit J. Schreyvogel geplante *Österreichische Monathsschrift,* zu realisieren. A. verfaßte mehrere Dramen, meist Übersetzungen französischer Vorlagen, zwei Epen, z. B. *Doolin von Maynz* (1787, ²1797) und Lyrik, die unter den Zeitgenossen (Voß z. B.) einigen Anklang fand.

Collin ...: Heinrich Josef Collin, 1771–1811; österr. dramat. Schriftsteller, bekannteste Werke (Trauerspiele bzw. Tragödien): *Regulus* (1802); *Coriolan* (1804), *Balboa* (1806)

Matthäus Collin, 1779–1824, vorwiegend Dramatiker; Verdienste auch als Herausgeber der *Jahrbücher der Literatur,* vgl. dazu: HERBERT SEIDLER: Matthäus v. Collins Literaturkritik. Zu den Anfängen der Literaturwissenschaft in Österreich. In: H. ZEEMAN (HRGG.): Die österreichische Literatur. Ihr Profil an der Wende vom 18. zum 19. Jahrhundert. Graz 1979, Bd. 2, S. 653–673.

47) *ein Edelmann von bedeutendem Talent ...:* gemeint ist Joseph Frhr. v. Hormayr zu Hortenburg, 1781–1848; Historiker, dramat. Schriftsteller und politischer Publizist, der vor dem Hintergrund der napoleon. Kriege maßgeblich zur Ausbildung eines frühen österr. Staatsbewußtseins beitrug, z. B. über den *Österreichischen Plutarch* (1807–12) und über die Herausgabe von Zeitschriften wie dem *Archiv* und dem *Taschenbuch für die vaterländische Geschichte* (seit 1811). Durch aktive Teilnahme am Tiroler Aufstand von 1809 und fortgesetzter patriotische Agitation geriet Hormayr in Gegensatz zur offiziellen österr. Politik und wurde 1813 verhaftet. Trotz Ernennung zum „Reichshistoriographen" 1816 blieben jene Differenzen aufrecht, die zur Niederlegung aller Ämter und 1828 zum Eintritt in den bayrischen Staatsdienst führten.

Primus-Heinz Kucher:
Austria as it is – Österreich wie es ist:
„... vielleicht das zornvollste Buch gegen die Zustände in Österreich."

1.

Als zur Jahreswende 1827/28 in der Londoner Verlagsbuchhandlung Hurst anonym die Schrift *Austria as it is: or Sketches of Continental Courts. By an Eye-Witness* erschien, durfte sich das prosperierende Genre des Reiseberichts um mehr als nur um ein kurioses Werk bereichert wissen. Diese Schrift markierte, wie bereits Zeitgenossen bemerkten, eine Zäsur, d. h. den Beginn einer Textsorte und einer Schreibweise, die mit dem Thema „Österreich" bis in die Gegenwart verbunden bleiben wird: die polemisch-satirische Abrechnung, die in der Übertreibungstechnik Thomas Bernhards als notwendige Form, etwas begreiflich zu machen, ihren vorläufigen Höhepunkt gefunden hat. Mit diesem Österreich-Text, der auf eine erstaunliche europäische Resonanz traf, war zudem eine der ungewöhnlicheren, lebenslang verrätselten und ambivalenten Schriftstellerkarrieren im 19. Jahrhundert verknüpft: jene des 1793 in Südmähren geborenen und 1864 im Schweizer Exil verstorbenen Karl Anton Postl, der als Charles Sealsfield in die deutsche und amerikanische Literaturgeschichte „Epoche machend" Eingang finden sollte.

Während *Das Cajütenbuch* (1841) und der Roman *Der Legitime und die Republikaner* (1833) im Lesepublikum wie in der Kritik lange Zeit einen respektablen Platz behaupten konnten, geriet der größere Teil seines Werkes schrittweise in Vergessenheit, im besonderen die frühen Reisetexte und Reiseromane des Autors, so daß deren Autorschaft erst knapp vor seinem Tod eher zufällig freigelegt werden konnte.[1]

---

1 Ich verweise hier auf meinen Beitrag *Charles Sealsfields Austria as it is. Ein Literarrätsel und Reisebericht mit europäischer Rezeption im 19. Jahrhun-*

Es wäre gewiß verfehlt, die frühen Reisetexte als zweitrangige Produkte aus dem Gesamthorizont der Romanprosa herauslösen zu wollen, wie dies allzuoft geschehen ist. Dagegen sprechen thematische, kompositorische und nicht zuletzt lebensgeschichtliche Aspekte und Verklammerungen, die in den letzten Jahren als wesentliche erkannt wurden.[2] In thematischer Hinsicht hat nämlich Postl-Sealsfield mit beiden Texten ein für das Gesamtwerk zentrales Kontrastprogramm skizziert, und zwar den Gegensatz zwischen *Alter* und *Neuer* Welt, zwischen erstarrendem, monarchischem (Zentral)Europa und dynamischem, fortschrittsorientiertem, in manchem freilich nicht unproblematischen aristo-republikanischen (Nord)Amerika[3], ein Kontrastprogramm, das in fast allen späteren Texten abgewandelt wiederkehrt.

Auf der Ebene der Komposition ist vor allem die wieder aufgegriffene, weitergetriebene Technik der politisch-sozialen Metaphorisierung von Landschaft/Natur sowie das Neben- und Ineinander von publizistischen, pädagogischen, politischen und literarischen Argumentationen und Textformen hervorzuheben. Daß Sealsfield später seine „Reise- oder vielmehr Stationenskizzen zugleich Romane" nennen und die Kritik darin „ein unzweifelhaft neues Romangenre" orten wird, „worin nicht die romanhaften Intriguen (…) und alle sonst gewöhnlichen Zuthaten eines Romans im gewöhnlichen Sinne die Hauptsache sind, sondern das bloße Reise- und Tagesjournal, der locale Vor- und Hintergrund, die Menschenracen, die

<hr />

dert. In: Zagreber Germanistische Beiträge [2](1993) bzw. in: Studia austriaca II, Milano 1993, sowie auf mein Nachwort zur kommentierten Ausgabe (1994). Zu den Verfasserspekulationen vgl. ferner KARL J. R. ARNDT: Introduction to Sealsfield's Austria as it is. In: CH. SEALSFIELD: Sämtliche Werke; Bd. 3, Hildesheim 1973, S. V–XXIII.

2 Vgl. dazu v. a. die einschlägigen Arbeiten von Alexander Ritter, Günther Schnitzler und Walter Grünzweig.

3 Vgl. Wendelin SCHMIDT-DENGLER: Charles Sealsfield. In: Deutsche Dichter. Leben und Werk deutschsprachiger Autoren. Bd. 5, Hg. von Gunter E. Grimm und Frank Rainer Max. Stuttgart 1989, S. 347–355, bes. S. 351. Kritisch dazu auch W. G. SEBALD: Ansichten aus der Neuen Welt. Über Charles Sealsfield. In: W. G. Sebald: Unheimliche Heimat. Salzburg/Wien 1991, S. 17–39.

Stände, die Nationen und Charaktere, insofern sie eine Nationalität repräsentieren"[4], wäre ohne diese frühen Texte kaum denkbar.

2.

In lebensgeschichtlicher Hinsicht sind mit Amerika und Österreich schließlich zwei Erfahrungswelten verbunden, die Sealsfield nachhaltig geprägt haben. Die bestimmenden Kindheits- und Jugenderfahrungen waren zunächst die des heimatlichen Dorfes Poppitz bei Znaim, in dem die Familie Güter des Kreuzherrenstifts Pöltenberg bewirtschaftete. Diese festgefügte hierarchische, von Natur und Religion bestimmte Welt sollte Postl über die Studienzeit der Theologie in Prag (1808–14) hinaus bis zum Kreuzherrenorden, in den er eintrat, begleiten. Einzelne Risse freilich haben diese Ordnungswelt bald brüchiger gemacht: das Napoleonerlebnis 1805 in Znaim und 1813 in Prag sowie die Begegnung mit der herausragende Gestalt der Fakultät, dem Philosophen und Theologen Bernard Bolzano (1781–1848) während des Studiums. Letzterem verdankt Postl/Sealsfield sein aufklärerisches Rüstzeug, das ihn, im Verein mit seiner Amerikaerfahrung, zu scharfen und visionären Analysen seiner Zeit und ihrer Verhältnisse befähigen wird.[5]

Das Aufrücken in eine Vertrauensstellung im Orden, die Postl Gelegenheit gab, soziale Kontakte außerhalb des Klosters aufzubauen und sich einen exklusiven Bewegungsraum zu sichern, trug mit dazu bei, die Ordenswelt bald als Enge wahrzunehmen. Zunehmend verunsichert durch die Amtsenthebung Bolzanos 1820, durch die Disziplinierung liberaler Theologen, Publizisten und Lehrer, aber auch in Abwägung der eigenen Karrieremöglichkeiten sprach Postl im Sommer 1823 heimlich bei der Studienhofkom-

---

4 Vgl. *Zeitung für die elegante Welt*, Leipzig, 7. 1. 1839, S. 19.
5 Vgl. Alois HOFMAN: Karl Postls Flucht im Lichte der Polarität zwischen dem josephinisch-frühliberalen Fortschrittsstreben und der österreichisch-katholischen Restauration. In: Charlotte L. Brancaforte (Hrsg.): The Life and Works of Charles Sealsfield (Karl Postl) 1793–1864. Madison/Wisconsin 1993, S. 1–25, bes. S. 6 f.

mission in Wien zwecks einer Anstellung, d. h. des Wechsels in die Staatsverwaltung vor.

Dieser Schritt schloß zugleich das Risiko eines gänzlichen Bruches mit seinem bisherigen Leben ein, darf aber auch als Signal einer „Akkomodierung" mit dem kurz darauf als *despotisch* denunzierten Staat gewertet werden[6]. Es war dies eine vergebliche Vorsprache, wie sich rasch herausstellte, die seine Stellung im Orden auf lange Zeit kompromittiert hätte. So blieb ihm eigentlich nur die Flucht ins Ausland, in die Anonymität, als Ausweg. Von diesem Entschluß an war Postl zum polizeilichen Subjekt geworden, ein „ärgerliches Ereigniß" zur unauffälligen Anhaltung ausgeschrieben.[7]

Überprüfbare, zuverlässige Daten und Hinweise für die ersten zwei Jahre nach seiner Flucht sind nach wie vor spärlich, ja kaum vorhanden. Wahrscheinlich dürfte Postl über Stuttgart in die Schweiz und von dort nach Frankreich gelangt sein, um sich von Le Havre aus nach den Vereinigten Staaten einzuschiffen, wo er im Herbst 1823 in New Orleans an Land ging. Einige Stationen dieser Route finden sich – kaum zufällig – im ersten Kapitel der *Austria* in umgekehrter Folge in einer Weise beschrieben, die Augenzeugenschaft nahelegt. Die Entscheidung für New Orleans hatte vielleicht mit dem pulsierenden vielsprachigen ökonomischen und kulturellen Leben zu tun, das gleichermaßen Anonymität wie eine neue Existenz in Aussicht stellte.

1824 unternahm Postl eine mehrwöchige Fahrt den Mississippi aufwärts und verfolgte den Präsidentschaftswahlkampf des populären Demokraten Andrew Jackson, eine weitere prägende frühe Erfahrung in seiner *Neuen Welt*. Unter dem Pseudonym Charles Sidons trat Postl bereits im September 1824 an den deutschen Verleger Cotta heran und bot Amerika-Berichte für dessen Zeit-

---

6 Vgl. W. G. SEBALD: Ansichten, S. 19.
7 Vgl. Schreiben von Graf Kolowrat an von Hoch, 6. 7. 1823. Zit.: Eduard CASTLE: Der große Unbekannte. Das Leben von Ch. Sealsfield-C. Postl. Briefe und Aktenstücke. Wien 1955, S. 87.

schriften an.[8] Es liegt nahe, hier die Entscheidung für eine Karriere als Publizist *und* Schriftsteller verankert zu sehen, welche die Kontraste zwischen *Alter* und *Neuer* Welt als Fundus eines künftigen Schaffens zu nützen hoffte.

Im Juli 1826 schiffte sich Postl-Sidons wieder nach Europa ein, wohl um von London aus Möglichkeiten einer literarischen Karriere – aber auch einer Rückkehr – zu sondieren. Für letzteres spricht Postls zwielichtiger Versuch, sich im August 1826 Metternich als Informant über die englische Politik anzutragen. Das klägliche Scheitern dieses Vorhabens hatte freilich auch kathartische Wirkung: das Abrücken vom Metternichschen Österreich und das Bedürfnis nach Abrechnung mit dem endgültig in Verlust geratenen Vater-Staat, dessen Kehrseite der psychisch schwer verarbeitbare, fortan lebenslängliche Verzicht auf seine ursprüngliche Identität bedeutete.

Nach neuerlicher Kontaktnahme mit Cotta erschienen in dessen *Morgenblatt* ab Jänner 1827 die ersten Postl-Sealsfieldschen Korrespondenzberichte aus Amerika, Vorabdrucke seines nachfolgenden Buches, gefolgt von der englischen Ausgabe, einem Band auf holländisch und Auszügen in französischen Zeitschriften in unmittelbarer Nachbarschaft zu J. F. Coopers 1828 veröffentlichtem Buch *Notions of the Americans*, – ein durchaus erfolgreiches literarisch-publizistisches Debut.

Den Londonaufenthalt (1827) nützte Postl-Sidons aber auch zur Abfassung der Österreich-Abrechnung, die – begleitet von zahlreichen Ankündigungen in englischen, Vorabdrucken in französischen Zeitschriften – anfang 1828 tatsächlich vorlag.[9]

Die darauffolgenden Jahre verbrachte Postl, mittlerweile mit einem amerikanischen Paß lautend auf Charles Sealsfield, zunächst in den Vereinigten Staaten, wo er seinen ersten Roman *Tokeah or*

---

8 Vgl. Brief vom 20. 9. 1824, Zit. E. CASTLE: Unbekannte, S. 109.
9 Vgl. P. H. KUCHER: K. Postl – Ch. Sealsfield. Zwischen den Welten; Nachwort 1994, S. 361 bzw. S. 378 ff.

the white Rose (1830) fertigstellte. Anschließend finden wir ihn wieder in London, wo er bis 1832 sehr genaue und z. T. originelle Korrespondenzen und Glossen zur europäischen Politik für New Yorker Zeitschriften, Novellen für das renommierte *Englishman's Magazine* verfaßte und – vergeblich – mit Cotta neue Projekte zu verhandeln suchte.[10]

Es liegt nahe, daß die Kontakte im Umfeld seiner publizistischen Tätigkeiten Postls/Sealsfields Entscheidung mitbestimmten, im August 1832 in die Schweiz, den einzigen republikanischen Staat Europas, zu übersiedeln, die nunmehr zu seinem dritten Emigrations- und Lebensraum werden sollte. Von ihr aus wird Sealsfield konsequent seine Profilierung zum „transatlantischen" Autor betreiben, zu einem Autor, der sich zwischen den Welten bewegen will.

In den 30er Jahren, literarisch die fruchtbarsten seines Lebens, gelang Sealsfield der entscheidende Durchbruch in der Kritik, obgleich seine Texte weder zu den vielgelesenen noch zu den auflagenstärkeren zählten; eine paradoxe Situation, gab es nur wenige Schriftsteller mit vergleichbarem Echo in der Kritik bei gleichzeitig so bescheidener Leserschaft. Auf diese Periode entfallen jedoch die kühnsten seiner Roman- und Reiseprosatexte: der komplexe Mexikoroman *Der Virey und die Aristokraten* (1834), *Die Lebensbilder aus der westlichen Hemisphäre* (1835–37), das *Morton*-Fragment (1836), der *Nathan*-Zyklus (1837–38) und *Die deutsch-amerikanischen Wahlverwandschaften* (1839–40); – Texte, die einerseits eine aufmerksame Rezeption der zeitgenössischen Literatur (Balzac, Cooper, Scott, Junges Deutschland) verraten, andrerseits Texte, die innovative, eigenständige Wege einer auf die Zeit reflektierenden Prosa einschlugen. Ein späterer, vielzitierter Brief präzisiert dies folgendermaßen: „Der Verfasser, der auf seinen mehrmaligen Reisen nach dem Südwesten der Union mit der Entwicklung und den

---

10 Vgl. dazu auch Wilhelm KREUTZ: Zeuge der Revolution. Sealsfields europäische Korrespondentenberichte. In: F. B. Schüppen (Hrsg.): Neuere Sealsfiel-Studien, S. 135–156.

Fortschritten derselben von Osten nach Westen vertraut geworden, hatte nämlich den Gedanken gefaßt, diesen Civilisationsprozeß in Skizzen und Bildern darzustellen (...) Er hatte den Gedanken gefaßt, dieses öffentliche Leben nicht nur in Skizzen und Bildern, sondern so darzustellen, daß sie obwohl lose verbunden ein Ganzes bildeten, welches die Republik der V. St. dem deutschen Publicum im Romangewande wie sie leibte und lebte vorführen sollte."[11]

Skizzenhaftigkeit, panoramatische Perspektiven und kontrastive traktatähnliche Exkurse über Republikanismus, Alte (europäische) und Neue (amerikanische) Welt, exzessive und allegorisierende Schreibweise, aber auch bewußter Alltagsbezug zeichnet diese Roman/Erzähl-Prosa aus. Ihr manchmal anarchisch-emanzipatorisches Freiheitspathos transportiert freilich auch kolonialistische und rassistische Diskurse, die in der *frontier*/Grenz- und Wildnis-Thematik den Überlegenheitsanspruch des weißen amerikanischen Siedlertypus zelebriert, zugleich aber auch literarische Gegenwelten des afroamerikanischen Pflanzerlebens unter den Bedingungen der Sklaverei skizziert.[12] So setzt sich die bereits im *Virey* Platz greifende Denunzierung von indianischen Mischlingen und Massen als „Pöbel", „disponible Horden" oder „elende Leperos", als animalischer Sud Mexikos, im *Nathan*-Text im Antagonismus zwischen „spanischen Gewürm" (I, 109), „wortbrüchigen Negern" (I, 62) und dem rebellisch aufrechten Squatter fort.[13]

Dies alles tat dem Ruhm des unerkannten Autors um 1840 im deutschsprachigen Raum allerdings keinen Abbruch; er galt als einer der großen und geheimnisumwitterten Schriftsteller. Daß er auch in Österreich gelesen wurde ist anzunehmen, wenngleich hier die Diskussion seiner Roman- und Erzählprosa über bescheidene

---

11 Brief vom 21. 6. 1854 an Brockhaus; zit. E. CASTLE: Unbekannte, S. 291.

12 Vgl. Walter GRÜNZWEIG, Viviane N'DIAGYE: Voodoo im Biedermeier. Charles Sealfields Pflanzerleben aus afroamerikanischer Sicht. In: Schriftenreihe Sealsfieldgesellschaft, VI (1989), S. 147–166.

13 Vgl. dazu: W. GRÜNZWEIG: Das demokratische Kanaan. Charles Sealfields Amerika im Kontext amerikanischer Literatur und Ideologie. München 1987.

Ansätze nicht hinauskam, etwa über die Salons der postjosephini-schen Wiener Schriftsteller- und Gelehrtenzirkel.

Sein erfolgreichster Text, das *Cajütenbuch* (1841), in dem am Beispiel der Texasfrage ein idealer und aristokratischer Freiheits-begriff sowie die Dialektik von Anarchie und Rechtmäßigkeit ent-wickelt und demonstrativ vorgeführt werden, läßt sich mit seinen angehängten Episoden aus den süd- und mittelamerikanischen Freiheitskriegen schließlich als Höhepunkt und Synthese der the-matischen wie kompositionellen Anliegen Sealsfields lesen.

Der Roman *Norden und Süden*, den Sealsfield im Rückblick für seinen „poetischsten" Text gehalten hat, konnte mit seiner chiffrier-ten ekstatischen Mexiko-Landschaft nicht mehr an den Erfolg der vorangegangenen Werke anschließen. Mit ihm bricht zugleich die schriftstellerische Tätigkeit des Autors abrupt ab. Nach seiner Werk-ausgabe (1846) zog sich Sealsfield fast völlig aus der literarischen Öf-fentlichkeit zurück und ließ die revolutionären Zeichen am Horizont (Schweizer Bundeskrieg 1847) unkommentiert vorüberstreichen.

Das gewaltige soziale und nationale Potential, das 1848 von Paris bis Wien und Budapest über die politische Landschaft hereinbrach, dürfte den patriachalischen Alt-Josephiner und altgewordenen Liberalen tief verstört und vermutlich zur schmerzlichen Erkennt-nis gebracht haben, seine Vorstellungen von Emanzipation im Müll der Geschichte begraben zu wissen; – anders läßt sich sein hart-näckiges Schweigen, auch in Briefen, kaum erklären. Was danach noch kam, läßt sich mit einem letzten Ausbruchsversuch 1853 – 1858 in die Vereinigten Staaten, vor allem aber mit einem voll-ständigen Rückzug ins Private, umschreiben. Vereinsamt und nur mehr von wenigen Freunden aufgesucht, etwa dem ungarischen Publizisten Kertbenyi, der maßgeblich zur Aufdeckung der wahren Identität Postls-Sealsfields seit 1862 beitrug[14], starb der sich bis zu-

---

14 Vgl. Karl Maria KERTBENYI: Erinnerungen an Graf Ladislaus Teleki. Prag 1861 (Hier findet sich ein erster Hinweis auf die Autorschaft Sealsfields für das Austria-Buch) sowie Ders.: Erinnerungen an Charles Sealsfield. Brüssel/Leipzig 1864.

letzt als „amerikanischer Staatsbüger" verstehende österreichische Emigrant im Mai 1864.

3.

Lange Zeit stand, wie bereits erwähnt, der *Austria*-Text im Schatten der späteren Erzählprosa, wenn er sich nicht überhaupt als Pamphlet und damit als publizistische Aftergattung an den Pranger gestellt sah. Nun ist der eine oder andere zugespitzte Ton, manche ärgerlich wirkende Passage (z. B. die antisemitischen Zwischentöne), mancher problematischer oder paradox wirkende Vergleich nicht in Abrede zu stellen, und da und dort ist auch ein geschichtliches Faktum korrekturbedürftig, – etwa die unterstellten Handlangerdienste Metternichs für Rußland. Dies alles sollte jedoch nicht zu einem zensorhaften Blick auf den Text verleiten und damit tiefere Qualitäten des Textes verstellen. Vor allem kann seine Rolle als einer der seltenen Beiträge zu einer vormärzlichen Gestaltung österreichischer Verhältnisse nicht in Abrede gestellt werden. Ziemlich parallel zu Heine markiert er vielmehr den Beginn einer publizistisch-literarischen Auseinandersetzung mit dem Metternichschen Österreich, bringt Thesen und Maßstäbe, Darstellungsformen, Themen und Topoi ein, hinter die eigentlich nicht mehr zurückgegangen werden kann und wird: thematisch etwa das Verhältnis von Zentrum und Peripherie, die nationale Frage, die paradoxen Mißverhältnisse zwischen den Möglichkeiten und der konkreten Wirklichkeit, subversive wie opportunistische Elemente der Alltagskultur und eine unüberhörbare Sympathie für jene Perioden in der österreichischen Geschichte, die als glanzvollere gelten wie z. B. die Regierungszeit von Josef II. Auf der Ebene der Darstellung finden genuin österreichische Traditionen wie z. B. ein theatralisch-satirischer Gestus erstmals eine Verschränkung mit Verfahren, welche in der zeitgenössischen englischen und deutschen Reiseprosa erprobt werden: die Verflechtung von Publizistik und Dichtung, der Wechsel von Systematischem und Assoziativem, die auf den ersten

Blick inkohärent wirkende, doch der problematisch gewordenen Realität und Realitätsaufzeichnung verpflichteten Abfolge von dialogischen, deskriptiven und erzählerischen Passagen, wodurch eine neue Schreibweise in unmittelbarer Nähe zur „artistischen Schreibart" Heines ensteht.

Die ziemlich positive Aufnahme des Textes in England belegt, daß jener Bezug zwischen publizistischen und literarischen Verfahren den Zeitgenossen durchaus einsichtig erschien und der Text nicht zuletzt aufgrund seiner sprachlich ungewöhnlichen Kontur als interessant, abwechslungsreich – und zudem als spannend hinsichtlich der vermuteten englischen oder doch kontinentalen Herkunft seines Autors befunden wurde.[15]

Die einzelnen Abschnitte dieser Reise in eine Welt, die gleich zu Beginn als „example of so complete and refined a despotism" ausgegeben und wiederholt von der englischen Kontrastwelt der Freiheit und des bürgerlichen Fortschritts abgesetzt wird, ergeben trotz unmißverständlicher ideologischer, ja polemischer Fest- und Zuschreibungen insgesamt doch ein aufschlußreiches und differenziertes Bild der österreichischen Wirklichkeit. Zähle zu deren Signatur wohl die allgegenwärtige staatliche Präsenz, eine mehr oder weniger offene Repression, ein mehr oder weniger stupider Despotismus und ein wenig schmeichelhafter Untertanengeist, so blitzen in dieser *natura morta* immer wieder Momente widerständiger Selbstbehauptung oder ironischer Relativierung auf: in der Musikzuwendung der Böhmen z. B., im ketzerischen ungarischen Stolz, aber auch in Alltagsfreuden der österreichischen Bauern und Bürger, wenn letztere mit geradezu bewundertswerter Naivität dem „väterlichen Despotismus" ihr Bild von der „hapiness of still life", vom „Glück des stillen Lebens" oder ihre saturnalischen Praterausflüge – einen „Taumel von Musik und Vergnügungen" – entgegensetzen.

Die „im Gewande größter Biederkeit einhergehende Willkür des franziszeiischen Regierungssystems", so im zentralen Kapitel fünf,

---

15 Vgl. dazu die Rezeptionszeugnisse in der Ausgabe 1994, S. 283–295.

hat mit der *Austria*-Schrift eine historisch weitgehend treffende und zugleich ironische, literarisch lange unterschätzte Gestaltung gefunden, eine Gestaltung, die im Spinnenbild im Metternich-Kapitel eine ihrer eindringlichsten Verdichtungen erfährt und die dennoch eine heimliche Sympathie für ein anderes, aufgeklärteres, mutigeres Österreich mitenthält.

bōhlau Wien neu

Lisa Fischer
Kaiserin Elisabeth und die Frauen ihrer Zeit
Biographisches Zeitporträt
1998. Ca. 200 S. m. SW-Abb. Geb.

ISBN 3-205-98765-9

Zum 100. Todestag Elisabeths eröffnet diese Biographie völlig neue Sichtweisen auf das Leben der Kaiserin von Österreich. Elisabeth kreierte ein Schönheitsideal. Hinter Schirm und Fächer verborgen, entwickelte sie aber eine schillernde, vielfältige Persönlichkeit,
die jegliche Grenzen zu überschreiten wagte. Die
kluge, dichtende und sportbegeisterte Sisi stellt in
ihrem Kampf um Selbstbehauptung an der Wende
vom 19. zum 20. Jahrhundert die Brücke zu den
selbstbewußten Erfolgsfrauen der Moderne und deren
Körperidealen her. Die Abenteuerreise durch das ausgehende 19. Jahrhundert malt ein spannendes, mentalitätsgeschichtliches Zeitkolorit und stellt zahlreiche
Affinitäten Elisabeths mit Zeitgenossinnen wie der
rumänischen Dichterkönigin Carmen Sylva, der französischen Kaiserin Eugénie, der „Dame in Schwarz"
Lola Montez, der hosentragenden Skandalfigur und
Bestsellerautorin George Sand oder der Weltreisenden
Ida Pfeiffer her. Elisabeth übernahm als eine von vielen Nonkonformistinnen nur einen Trend ihrer Zeit.
Von da her spannt sich der Bogen zu Evita und Prinzessin Diana und zu gegenwärtigen weiblichen Selbstentwürfen der Jahrtausendwende.

Erhältlich in Ihrer Buchhandlung!

bōhlau Wien

böhlau Wien neu

**Literatur in der Geschichte –
Geschichte in der Literatur**
In Verbindung mit Claudio Magris herausgegeben von
Klaus Amann und Friedbert Aspetsberger
Eine Auswahl:
Jürgen Doll
Theater im Roten Wien
Vom sozialdemokratischen Agitprop zum
dialektischen Theater Jura Soyfers
1997. 456 S. 16 S. SW-Abb. Br. (Band 43)
ISBN 3-205-98726-8
Harald Haslmayr
Die Zeit ohne Eigenschaften
Geschichtsphilosophie und Modernebegriff im Werk
Robert Musils
1997. 285 S. Br. (Band 44)
Peter Sprengel/Gregor Streim
Berliner und Wiener Moderne
Vermittlungen und Abgrenzungen in Literatur,
Theater, Publizistik
Mit einem Beitrag von Barbara Noth
1998. Ca. 480 S., ca. 22 SW-Abb. Br. (Band 45)
ISBN 3-205-98766-7
Franziska Meier
Emanzipation als Herausforderung
Rechtsrevolutionäre Autoren zwischen Bisexualität
und Androgynie
1998. Ca. 456 S. Br. (Band 46)
ISBN 3-205-98877-9

böhlauWien